A Responsabilidade do Cotista de Fundo de Investimento em Participações

A Responsabilidade do Cotista de Fundo de Investimento em Participações

2017

Carlos Martins Neto

A RESPONSABILIDADE DO COTISTA DE FUNDO DE INVESTIMENTO EM PARTICIPAÇÕES
© Almedina, 2017

AUTOR: Carlos Martins Neto
DIAGRAMAÇÃO: Almedina
DESIGN DE CAPA: FBA
ISBN: 978-858-49-3235-1

Dados Internacionais de Catalogação na Publicação (CIP)
(Câmara Brasileira do Livro, SP, Brasil)

Martins Neto, Carlos
A responsabilidade do cotista de fundo de
investimento em participações/Carlos Martins
Neto. – 1. ed. – São Paulo: Almedina, 2017.
Bibliografia
ISBN: 978-85-8493-235-1
1. Direito financeiro – Brasil 2. Finanças –
Brasil 3. Fundos de investimentos 4. Mercado de
capitais – Brasil 5. Responsabilidade (Direito) I. Título.

17-06799
CDU-347.51:336.714(81)

Índices para catálogo sistemático:

1. Brasil: Responsabilidade civil : Fundo de investimento: Direito 347.51:336.714(81)

Este livro segue as regras do novo Acordo Ortográfico da Língua Portuguesa (1990).

Todos os direitos reservados. Nenhuma parte deste livro, protegido por copyright, pode ser reproduzida, armazenada ou transmitida de alguma forma ou por algum meio, seja eletrônico ou mecânico, inclusive fotocópia, gravação ou qualquer sistema de armazenagem de informações, sem a permissão expressa e por escrito da editora.

Agosto, 2017

EDITORA: Almedina Brasil
Rua José Maria Lisboa, 860, Conj.131 e 132, Jardim Paulista | 01423-001 São Paulo | Brasil
editora@almedina.com.br
www.almedina.com.br

AGRADECIMENTOS

A elaboração da dissertação de mestrado que deu origem a esta obra não seria possível sem o apoio de muitos.

Mauricio Moreira Menezes é uma das principais dentre essas pessoas. Além de ter ensinado as primeiras lições de direito comercial no curso de graduação da Faculdade de Direito da UERJ, também foi responsável pela minha formação como advogado, nos anos em que atuei como estagiário e, posteriormente, como advogado de sua equipe. Nesse período, pude aprender diariamente com seu exemplo de competência e simplicidade e pelo estímulo ininterrupto ao desenvolvimento acadêmico, profissional e pessoal.

Atualmente, como sócio na advocacia, Mauricio continua sendo um interlocutor qualificado e generoso com o compartilhamento de conhecimento e experiências. Dentre inúmeras discussões a respeito de casos concretos nos quais trabalhamos, surgiu a ideia da dissertação que originou este livro.

Como orientador no âmbito do mestrado da UERJ, Mauricio prestou colaboração fundamental na delimitação da pesquisa e, além de acompanhar a elaboração da dissertação, formulou críticas muito relevantes sobre o trabalho em curso. Fica registrado, aqui, o meu sincero agradecimento.

Não poderia deixar de agradecer, também, ao Prof. Alexandre Ferreira de Assumpção Alves. Durante o mestrado, as lições do Prof. Alexandre, com quem tive a oportunidade de cursar duas disciplinas e um grupo de pesquisa, foram muito enriquecedoras. Os debates sobre os temas apresentados em suas aulas, o rigor técnico de suas intervenções e o incentivo à produção e à publicação sem dúvida contribuíram para o meu desenvolvimento acadêmico e intelectual.

Um agradecimento especial deve ser feito ao Dr. Luis Alberto Colonna Rosman, que que teve a gentileza de franquear-me acesso às instalações do Instituto de Direito da Empresa José Luiz Bulhões Pedreira para pesquisa no valioso acervo de sua biblioteca, um verdadeiro tesouro da literatura jurídica comercial nacional e internacional.

Claudio Maes, gerente de acompanhamento de fundos da Comissão de Valores Mobiliários foi muito atencioso na disponibilização de informações estatísticas sobre a indústria de fundos no Brasil, ainda na fase de elaboração do projeto da dissertação.

Claudio Luiz de Miranda, amigo e sócio na advocacia, além de toda a colaboração ao longo de nossa convivência, leu atentamente a primeira versão do trabalho, auxiliando na revisão do texto e fazendo sugestões muito pertinentes.

Nicholas Furlan Di Biase, estagiário brilhante e monitor de Direito Comercial da UERJ prestou relevante auxílio na revisão do trabalho (que havia sido originalmente escrito quando a Instrução CVM nº 391/03 ainda estava em vigor) e atualização de acordo com a nova disciplina dos fundos de investimento em participações introduzida em 2016 pela Instrução CVM nº 578.

Aos amigos da turma de 2013 da linha de pesquisa Empresa e Atividades Econômicas do mestrado da UERJ: Bárbara Moreira, Juliana Müller, Luana Coulomb, Murilo Souza, Raphaela Portilho, Ricardo Sousa e Vitor Schettino, o meu agradecimento pela ótima e divertida convivência nas longas manhãs e tardes de aulas e debates no Campus Francisco Negrão de Lima – Maracanã.

Os últimos, porém, mais importantes dos agradecimentos, são feitos aos meus pais, Marco e Elizete, por sempre acreditarem e investirem nos meus sonhos e a Patricia, minha maior incentivadora.

PREFÁCIO

Os fundos de investimento em participações constituem, na atualidade, um dos mais relevantes instrumentos de alocação de capitais na atividade produtiva, i.e., na chamada "economia real", especialmente por funcionarem como veículo de investimento por parte de investidores profissionais e de investidores qualificados.

Informações divulgadas pela Comissão de Valores Mobiliários demonstram sua magnitude. Nesse sentido, dados fornecidos pela autarquia, em julho de 2017, revelam que se encontram registrados 908 fundos de investimento em participações, os quais totalizam o patrimônio líquido de aproximadamente R\$ 228 bilhões. Pode-se afirmar que sua presença no mercado de capitais brasileiro é bem mais significativa que as 446 companhias cujas ações são listadas na Bolsa de Valores de São Paulo. Assumiram o protagonismo na atividade de captação de poupança alheia.

A despeito de sua bem-sucedida história, os fundos de investimento em participações são revestidos por estrutura jurídica de duvidosa eficiência. Seu enquadramento na categoria de "condomínio" repercute diretamente no regime de responsabilidade dos cotistas, retirando-lhes o benefício de limitação de responsabilidade pelas obrigações contraídas pelo fundo, por sua vez considerado como sujeito de direito despersonificado.

Curiosamente, um dos mais sofisticados mecanismos de captação de recursos no mercado de capitais brasileiro se aproxima, em termos de responsabilidade pelo risco do investimento, das mais arcaicas estruturas societárias, as quais, no passado remoto, impunham ao sócio a posição jurídica semelhante à de garante da obrigação alheia (ou seja, obrigação da sociedade). Sim, o cotista de fundo de investimento em participações pode vir a responder, a princípio, pelas obrigações assumidas pelo fundo e, em determinadas circunstâncias, por contingências originadas em negócios realizados por sociedades investidas.

Evidentemente, essa estrutura vai de encontro aos avanços por que passou a disciplina jurídica do investimento privado. Nesse sentido, a limitação da responsabilidade do empresário é de tamanha importância que cheguei a defender, no IV Congresso Brasileiro de Direito Comercial, sua adoção como verdadeiro princípio do Direito Comercial contemporâneo.

Portanto, o problema da responsabilidade do cotista de fundo de investimento em participações é, por assim dizer, um dos mais graves e fundamentais do mercado de capitais brasileiro. Sua análise é urgente. Sua discussão é inevitável.

Carlos Martins Neto avocou, corajosamente, a difícil tarefa de enfrentar a questão.

Debruçou-se meses sobre a literatura existente. Envolveu-se em intermináveis diálogos com especialistas de diferentes áreas do conhecimento. Dedicou-se à pesquisa e à elaboração de minucioso exame dos contornos da responsabilidade do cotista de fundo de investimento em participações, sem perder a objetividade e o pragmatismo que o tema exige.

Naturalmente, o leitor recebe um trabalho de excelência, baseado em dissertação de mestrado do autor, cujo criterioso desenvolvimento tive a oportunidade de acompanhar, como orientador, no âmbito do Programa de Pós-Graduação em Direito da Universidade do Estado do Rio de Janeiro (UERJ). A referida dissertação, vinculada à linha de pesquisa "Empresa e Atividades Econômicas", recebeu nota máxima da banca examinadora, composta por, além de mim, Alexandre Ferreira de Assumpção Alves (UERJ) e Cassio Cavalli (FGV).

Conheci Carlos em 2006, época em que foi meu aluno no curso de graduação da Faculdade de Direito da UERJ. Apesar da correria do dia a dia, reparei que ali estava um espírito inquieto e vocacionado para a academia e para a advocacia. Destacando-se entre dezenas de colegas de sua turma, convidei-o para trabalhar comigo, ainda como estagiário. Posso dizer que tive o privilégio de testemunhar seu célere e brilhante crescimento profissional. Desde então, continuamos juntos. Em 2014, decidimos fundar nosso escritório de advocacia, em sociedade com Claudio Luiz de Miranda. Um projeto de vida, formulado e executado com muito esforço e sacrifício.

Além da sólida amizade de mais de onze anos, prosseguimos trabalhando duro, tanto na vida acadêmica, quanto na advocacia. Aliás, a conjugação harmônica dessas atividades é estratégia comum de nossos caminhos e traço essencial de nossa empatia.

Nessa ordem de ideias, foi a partir da experiência profissional que identificamos a exposição do cotista de fundo de investimento em participações. Inferimos que a contribuição da pesquisa jurídica seria de interesse tanto da academia, quanto dos agentes de mercado. Dessa maneira, provocamos discussões que podem vir a produzir melhorias regulatórias e, simultaneamente, nos preparamos para melhor proteger o patrimônio de investidores que se dispõem a confiar nos mecanismos ofertados pelo sistema jurídico brasileiro.

E, a exemplo de Carlos, não guardamos fórmulas mágicas, ainda porque elas inexistem: franqueamos ao público o fruto de nosso trabalho e nos colocamos abertos às críticas. Cabe agora ao leitor a sorte de fazê-las, sem cerimônia, de tal modo a impulsionar os debates sobre o relevante problema da responsabilidade do cotista de fundo de investimento em participações.

MAURICIO MOREIRA MENEZES
Professor Titular de Direito Comercial
da Universidade do Estado do Rio de Janeiro – UERJ

LISTA DE ABREVIATURAS E SIGLAS

ABVCAP	Associação Brasileira de Venture Capital e Private Equity
ANBIMA	Associação Brasileira das Entidades dos Mercados Financeiro e de Capitais
BACEN	Banco Central do Brasil
CETIP	Cetip S.A. – Mercados Organizados
CDC	Código de Defesa do Consumidor
CMN	Conselho Monetário Nacional
CVM	Comissão de Valores Mobiliários
EFPC	Entidade Fechada de Previdência Complementar
FIP	Fundo de Investimento em Participações
Lei das S.A.	Lei nº 6.404/1976
PREVIC	Superintendência Nacional de Previdência Complementar
SUSEP	Superintendência de Seguros Privados

SUMÁRIO

INTRODUÇÃO 17

1. OS FUNDOS DE INVESTIMENTO NO ORDENAMENTO
    JURÍDICO BRASILEIRO 29
1.1. Aspectos históricos dos fundos de investimento no Brasil 29
1.2. A estrutura jurídica dos fundos de investimento 35
    1.2.1. Teoria condominial 36
    1.2.2. Teoria da comunidade de bens não condominial 38
    1.2.3. Teoria da propriedade em mão comum 39
    1.2.4. Teoria da propriedade fiduciária 40
    1.2.5. Teoria societária 42
    1.2.6. Teoria do patrimônio separado 43
1.3. Principais características dos fundos de investimento no Brasil 45
    1.3.1. Constituição do fundo 47
    1.3.2. Denominação e classificação 48
    1.3.3. Cotas e cotista 49
    1.3.4. Resgate e amortização 51
    1.3.5. Assembleia geral de cotistas 52
    1.3.6. Administrador e gestor 54
    1.3.7. Custódia 56
    1.3.8. Encargos 57
1.4. Os fundos de investimento em participações – FIP 58
    1.4.1. Características gerais do FIP 59
    1.4.2. Classificação dos FIPs 72
        1.4.2.1. FIP Capital Semente 73
        1.4.2.2. FIP Empresas Emergentes 73

A RESPONSABILIDADE DO COTISTA DE FUNDO DE INVESTIMENTO EM PARTICIPAÇÕES

    1.4.2.3. FIP Infraestrutura e FIP Produção Econômica Intensiva
         em Pesquisa, Desenvolvimento 74
    1.4.2.4. FIP Multiestratégia 75
  1.4.3. Administração do FIP... 75
  1.4.4. Obrigações do administrador do FIP 77
  1.4.5. Encargos do FIP... 81

2. O PODER DE CONTROLE E A RESPONSABILIDADE
    DO CONTROLADOR 85
2.1. Controle societário como fenômeno de poder....................... 86
2.2. Formas de controle 88
  2.2.1. Controle majoritário... 89
  2.2.2. Controle minoritário 91
  2.2.3. Controle gerencial 95
  2.2.4. Controle externo.. 97
2.3. Deveres e responsabilidades do acionista controlador................. 99
  2.3.1. Responsabilidade por abuso do poder de controle.............. 103
    2.3.1.1. A ação de reparação de danos decorrentes de exercício
         abusivo do poder de controle 108
    2.3.1.2. A responsabilidade administrativa do controlador perante
         a CVM.. 111
2.4. Outras possibilidades de responsabilização do acionista controlador 119
  2.4.1. A responsabilidade solidária trabalhista 120
  2.4.2. Possibilidade eventual de responsabilidade tributária subsidiária 123
  2.4.3. A cláusula geral de desconsideração da personalidade jurídica.... 128
  2.4.4. A desconsideração da personalidade jurídica no Código de Defesa
    do Consumidor 131
  2.4.5. A desconsideração da personalidade jurídica na hipótese
    de infração à ordem econômica................................ 134
  2.4.6. A desconsideração da personalidade jurídica para ressarcimento
    de danos ambientais.. 136
  2.4.7. A responsabilidade decorrente da legislação anticorrupção
    brasileira 139

3. RESPONSABILIDADE DO COTISTA DO FIP.................... 143
3.1. Responsabilidade pela integralização das cotas subscritas 143
  3.1.1. Responsabilidade por aportes extraordinários.................. 144
3.2. Responsabilidade pelo patrimônio líquido negativo do fundo........... 146
  3.2.1. Responsabilidade indireta relacionada à posição de controle
    em companhias investidas..................................... 148

SUMÁRIO

3.2.2. Responsabilidade indireta relacionada às garantias eventualmente prestadas pelo FIP... 153

3.3. Análise crítica do modelo em vigor à luz da evolução da teoria da limitação de responsabilidade 154

    3.3.1 Uma possível solução de *lege ferenda* 161

CONCLUSÃO 163

REFERÊNCIAS 169

INTRODUÇÃO

Os mercados financeiro e de capitais são ambientes de alocação de poupança, a fim de destinar os recursos excedentes dos poupadores aos agentes econômicos que necessitam de recursos (tomadores).

No caso do mercado financeiro, a relação entre poupadores e tomadores se dá de forma indireta, porquanto há necessidade de intermediação de uma instituição financeira[1] que capta recursos dos poupadores e empresta aos tomadores. Ou seja, o poupador aplica recursos por meio de depósito ou aquisição de títulos de emissão de determinada instituição financeira, sendo por ela remunerada. A instituição financeira, por sua vez, empresta recursos para os tomadores, que lhe pagarão juros. Poupador e tomador não se relacionam diretamente no mercado financeiro.

Nesse contexto, a instituição financeira se remunera pela diferença entre a taxa pela qual consegue captar recursos e a taxa pela qual empresta os recursos, receita conhecida no mercado como *spread* bancário[2].

---

[1] O conceito de "instituição financeira" está contido no artigo 17 da Lei nº 4.595/64, que assim dispõe: "Art. 17. Consideram-se instituições financeiras, para os efeitos da legislação em vigor, as pessoas jurídicas públicas ou privadas, que tenham como atividade principal ou acessória a coleta, intermediação ou aplicação de recursos financeiros próprios ou de terceiros, em moeda nacional ou estrangeira, e a custódia de valor de propriedade de terceiros" (BRASIL. Lei nº 4.595, de 31 de dezembro de 1964. Dispõe sobre a Política e as Instituições Monetárias, Bancárias e Creditícias, Cria o Conselho Monetário Nacional e dá outras providências. Disponível em: <http://www.planalto.gov.br>. Acesso em: 13 dez. 2016).

[2] BANCO CENTRAL DO BRASIL. *Juros e spread bancário*. Brasília: Banco Central do Brasil, 2014, p. 5-6. Disponível em: <http://www.bcb.gov.br/conteudo/home-ptbr/FAQs/FAQ%20 01-Juros%20e%20Spread%20Banc%C3%A1rio.pdf>. Acesso em: 13 dez. 2016.

Já no mercado de capitais, a relação entre poupadores e tomadores ocorre quase que de forma direta, na medida em que os poupadores adquirem ou subscrevem valores mobiliários de emissão dos tomadores por meio de intermediário (corretora de valores integrante do sistema de distribuição de valores mobiliários) que atua em nome do subscritor ou adquirente, conforme o caso.

Em última análise, a relação ocorre entre poupador e tomador ou entre poupador e vendedor do valor mobiliário. Pelo fato de não haver intermediário financeiro, o custo de captação (por parte do tomador) tende a ser menor e a rentabilidade da aplicação (por parte do poupador), tende a ser maior. Obviamente, o risco envolvido em tais operações tende a ser maior que o risco envolvido em operações no âmbito do mercado financeiro.

As aplicações tanto no mercado financeiro quanto no mercado de capitais são a expressão máxima do binômio risco/retorno. Existe uma infinidade de instituições financeiras, títulos, aplicações e valores mobiliários no mercado em busca de aplicadores. Os aplicadores, nessa esteira, buscam o máximo de retorno dentro de faixas de risco que concordam em assumir.

Assim, à medida da evolução dos mercados financeiro e de capitais, foram sendo criados instrumentos de investimento coletivo com o objetivo de diversificar os riscos e potencializar o retorno dos participantes de tais mecanismos.

A demanda do público investidor pela apreciação das vantagens de um mecanismo especializado e da diluição de riscos é a principal razão do surgimento dos fundos de investimento. Por meio de um fundo, o investidor passa a ter acesso a um portfólio de investimentos que não conseguiria ou teria dificuldades de acessar de maneira individual[3], além de contar com uma gestão profissional da carteira do fundo.

A esse respeito, Mario Tavernard Martins de Carvalho registrou que os fundos de investimentos consistem em "um dos mais notáveis e demo-

---

[3] Seja em razão dos valores mínimos exigidos para aplicação em determinadas modalidades de investimento, seja em razão da necessidade de prévio relacionamento com determinada instituição financeira ou distribuidor de valores mobiliários para se ter acesso a determinada modalidade de investimento. Sobre esse particular, ver VEIGA, Alexandre Brandão da. *Fundos de investimento mobiliário e imobiliário*. Coimbra: Almedina, 1999, p. 20.

INTRODUÇÃO

cráticos mecanismos de alocação de poupança dos investidores", uma vez que permite a aplicação de pequenas quantias e viabiliza o acesso a gestão e administração especializadas[4].

Sem dúvida, os fundos de investimento, ao lado das entidades fechadas de previdência complementar e das companhias de seguro são os protagonistas dos mercados financeiro e de capitais no Brasil como principais alocadores de recursos[5].

A respeito da lógica e dos benefícios do investimento por meio de fundos, Maria João Vaz Tomé assinalou que os benefícios da aplicação por meio de fundos de investimento, sob a ótica dos cotistas, consistiriam no aproveitamento de uma gestão profissional, no compartilhamento de riscos, na estabilização do rendimento e na mitigação da desvalorização. Sob a ótica da economia como um todo, os benefícios de tal mecanismo traduzir-se-iam na proteção da poupança, no desenvolvimento do mercado e na tutela dos acionistas minoritários[6].

Ao tratar das vantagens e desvantagens dos fundos de investimento em publicação destinada a servir como material didático para cursos de mercado de capitais em instituições de ensino superior, a CVM se manifestou no seguinte sentido:

> Existem alguns motivos que podem levar alguém a investir com a ajuda de um fundo: você conta com gestão profissional para o seu dinheiro, tem acesso à uma estratégia de diversificação a custos menores, podendo ter uma carteira de investimento que você não conseguiria montar sozinho. O

---

[4] CARVALHO, Mario Tarvernard Martins de. *Regime jurídico dos fundos de investimento*. São Paulo: Quartier Latin, 2012, p. 17.

[5] Até novembro de 2016, o patrimônio líquido das companhias seguradoras era de R$ 80.866.072.403,00 (SUPERINTENDÊNCIA DE SEGUROS PRIVADOS – SUSEP. Sistema de Estatísticas SUSEP. Seguradoras: contas patrimoniais. 2016. Disponível em: <http://www2.susep.gov.br/menuestatistica/SES/principal.aspx>. Acesso em: 17 dez. 2016). Já os fundos de pensão, possuíam patrimônio de R$ 752.981.578,00 no fechamento do 3º trimestre de 2016 (SUPERINTENDÊNCIA NACIONAL DE PREVIDÊNCIA COMPLEMENTAR. Estatística Trimestral – Setembro 2016. Disponível em: <http://www.previdencia.gov.br/wp-content/uploads/2015/02/3%C2%B0-Trimestre.pdf>. Acesso em: 17 dez. 2016).

[6] VAZ TOMÉ, Maria João Romão Carreiro. *Fundos de investimento mobiliário abertos*. Coimbra: Almedina, 1997, p. 20-21.

investidor tem ainda a vantagem de conseguir resgatar rapidamente o seu dinheiro. Os fundos de investimento possibilitam que investidores de perfil similar, com objetivo, estratégias e tolerância a risco parecidos, concentrem recursos para aumentar seu poder de negociação e diluir os custos de administração, além de contarem com profissionais especializados, dedicados exclusivamente à gestão dos recursos.[7]

Por outro lado, as desvantagens das aplicações em fundos de investimento estão muito associadas ao fato do investidor delegar a terceiros a administração de seus recursos: falta de autonomia por parte do aplicador na tomada de decisão do fundo, submissão a regras previamente estabelecidas no regulamento do fundo e à vontade da maioria dos cotistas (em deliberações da assembleia geral do fundo), entre outras.

Segundo informações da área técnica da Comissão de Valores Mobiliários – CVM, no final do ano de 2014, havia 14.327 fundos de investimento em funcionamento no Brasil, com patrimônio de R$ 2.727.887.229.888,00 e 11.506.407 cotistas. Desse universo, 618 eram fundos de investimento em participações – FIP e 48 eram fundos de investimento em cotas de FIPs, cujos patrimônios alcançavam o patamar de aproximadamente R$ 165 bilhões[8]!

O fundo de investimento em participações é um tipo de fundo com regulação própria e consiste em comunhão de recursos destinados à aquisição de ações, bônus de subscrição, debêntures simples, outros títulos e valores mobiliários conversíveis ou permutáveis em ações de emissão de companhias, abertas ou fechadas[9], bem como títulos e valo-

---

[7] COMISSÃO DE VALORES MOBILIÁRIOS. *O mercado de valores mobiliários brasileiro*. 3. ed. Rio de Janeiro: Comissão de Valores Mobiliários, 2014, p. 93.

[8] De acordo com as informações fornecidas pela Gerência de Acompanhamento de Fundos da Comissão de Valores Mobiliários – CVM, via mensagem privada de correio eletrônico endereçada ao autor em 29 jan. 2015.

[9] A companhia aberta difere da fechada na medida em que os valores mobiliários de sua emissão podem ser negociados no mercado, publicamente, enquanto os da companhia fechada apenas podem ser negociados de forma privada, diretamente entre as partes interessadas. Conforme estabelece o § 1º do artigo 4º da Lei nº 6.404/76, para que os valores mobiliários emitidos por sociedade anônima possam ser negociados no mercado de valores mobiliários, a companhia emissora deve estar devidamente registrada na CVM. É daí que surge o conceito de registro de companhia aberta. São companhias abertas,

INTRODUÇÃO

res mobiliários representativos de participação em sociedades limitadas, participando do processo decisório da companhia investida, com efetiva influência na definição de sua estratégica empresarial e na sua gestão, notadamente por meio da indicação de membros do Conselho de Administração (no caso das sociedades anônimas).

A ideia por trás da participação do FIP no processo decisório da sociedade investida é a de que os gestores do FIP possuem *expertise* em seu segmento de atuação e poderão auxiliar na definição de sua estratégia empresarial, de modo a gerar valor para seus acionistas.

Nessa linha, a participação do FIP no processo decisório da sociedade investida pode ocorrer pela propriedade de ações ou cotas que integrem o respectivo bloco de controle, pela celebração de acordo de acionistas ou de cotistas, conforme o caso, ou, ainda, pela celebração de ajuste de natureza diversa ou adoção de procedimento que assegure ao fundo efetiva influência na definição de sua estratégia empresarial e na sua gestão.

Os FIPs apresentam-se como relevante instrumento de desenvolvimento da economia nacional, pois, na medida em que podem investir em títulos e valores mobiliários de companhias fechadas e de sociedades limitadas, realizam investimentos em empreendimentos já consolidados e também em negócios de pequeno e médio porte, com grande potencial de crescimento. Nos casos de maior sucesso, o desinvestimento por parte do FIP se dá por meio da venda de suas ações em bolsa de valores, simultaneamente à oferta pública inicial de distribuição de ações da companhia investida.

Este livro explora, no sentido amplo, problemas relacionados ao regime jurídico dos fundos de investimento em participações e à responsabilidade do cotista do FIP, fato que é potencialmente gerador de

---

portanto, aquelas que possuem registro na Comissão de Valores Mobiliários. No mesmo sentido, o § 2º do mencionado dispositivo estabelece que toda e qualquer oferta pública de valores mobiliários será previamente registrada na CVM. Tal comando legal visa prestigiar o princípio do *full disclosure*, ou seja, a divulgação geral e irrestrita de informações a respeito da companhia e seus respectivos valores mobiliários publicamente distribuídos. Logo, toda companhia que obtém registro na CVM e distribui publicamente os valores mobiliários de sua emissão é obrigada a fornecer informações periódicas e eventuais, a fim de instruir a decisão dos investidores de comprar, vender ou manter em carteira tais valores mobiliários.

impactos sociais, econômicos e jurídicos, uma vez que tais fundos são aglutinadores de poupança para aplicação direta em atividades empresariais, movimentando, assim, os mais variados setores econômicos.

Tendo em vista o atual estágio de desenvolvimento dos mercados financeiro e de capitais do país, a importância dos FIPs na alavancagem de negócios promissores e a inserção de tal mecanismo de investimento entre investidores itnitucionais, têm surgido questionamentos, por parte dos investidores, a respeito da extensão da responsabilidade do cotista do FIP.

Como o FIP é um veículo de investimento estruturado sob a forma de condomínio e, além de ser disciplinado pela Instrução CVM nº 578/2016[10], também é regido subsidiariamente pela Instrução CVM nº 555/2014, a regra geral é que os cotistas respondem pelo patrimônio negativo do fundo.

Todavia, sob outro prisma, o investidor que adquire cotas de um FIP tem interesse tão somente em aplicar recursos em um veículo dotado de gestão profissional e especializada, não se relacionando diretamente com o ativo alvo do FIP e não assumindo riscos adicionais ao risco de perder todo o capital investido.

Essa simples constatação é indicativa da extrema relevância de se empreender novas pesquisas científicas sobre os problemas dos fundos de investimento em participações nos mais variados domínios do conhecimento, uma vez que a matéria é essencialmente multidisciplinar.

A fim de que o FIP continue sendo um importante instrumento de captação de recursos e promova a alocação de tais recursos em sociedades que exercem atividades econômicas, geram empregos, recolhem tributos e beneficiam a comunidade na qual estão presentes, mostra-se necessário um exame crítico da responsabilidade dos cotistas do FIP, sobretudo nas hipóteses em que o FIP exerce poder de controle sobre companhia investida.

Com efeito, merece ser objeto de investigação a possibilidade (ou não) de responsabilização, ainda que indireta, do cotista do FIP perante terceiros, colaboradores, a Fazenda Pública ou órgãos reguladores, na

---

[10] Entre 18.08.2003 e 30.08.2016, o FIP foi disciplinado pela Instrução CVM nº 391/2003, revogada pela Instrução CVM nº 578/2016, publicada no Diário Oficial da União de 31.08.2016.

INTRODUÇÃO

hipótese de atribuição de responsabilidade ao FIP em razão de sua posição de controlador de sociedade investida.

O estudo da responsabilidade do cotista do FIP, portanto, apresenta-se atual e relevante para o direito empresarial pois contribuirá para a definição de parâmetros que devem ser observados para tal responsabilização, auxiliando, em última análise, na consolidação da segurança jurídica e previsibilidade para os investidores desse veículo de investimento.

No que diz respeito à disciplina jurídica dos fundos de investimento em participação, esta obra circunscrever-se-á ao regime desse tipo de mecanismo de investimento coletivo no Brasil. A atribuição dessa prioridade decorre da relevância econômica desse instituto, conforme acima já demonstrado.

A possibilidade de surgimento de inúmeros problemas – éticos, econômicos, contábeis e jurídicos – constitui consequência natural da gestão de recursos de terceiros, sobretudo quando tais recursos são aplicados em ativos inseridos no contexto da economia real, como são as companhias que recebem investimentos de FIPs.

Dentre essas possibilidades e potencialidades, este livro centrou-se no problema decorrente da responsabilização do fundo de investimento em participações em decorrência do exercício do poder de controle societário em companhias investidas.

O poder de controle é tema de extrema importância para as relações patrimoniais privadas e surgiu a partir do estudo das relações de poder nas sociedades anônimas. Com efeito, há vasta literatura a respeito do conceito de poder de controle societário, suas modalidades, sua caracterização legal e dos efeitos de seu exercício, especialmente sobre a responsabilidade do acionista controlador.

Assim, esta obra não se propõe a tratar de forma exaustiva do poder de controle societário, mas dos efeitos da responsabilização de um fundo de investimento em participações em razão de sua posição de controlador de sociedade e dos reflexos de tal responsabilidade perante os cotistas de tal fundo.

O tema em questão é bastante recente nos estudos acadêmicos, ensejando variadas indagações que merecem ser enfrentadas e respondidas. Desse modo, há que se registrar que, em sede científica, pouco se desenvolveu sobre a estrutura e função dos fundos de investimento em participação, sobretudo sobre a possibilidade de responsabilização do FIP em

A RESPONSABILIDADE DO COTISTA DE FUNDO DE INVESTIMENTO EM PARTICIPAÇÕES

razão de sua posição de controlador de sociedade e da responsabilização indireta de seus cotistas que, em última instância, teriam que arcar com tais custos em razão do dever que possuem de arcar com eventual patrimônio líquido negativo do fundo.

Diante desse cenário, é defensável que a responsabilização do cotista do fundo de investimento em participações, ainda que indireta, seja repensada, ao passo que constitui um risco incompatível com a posição de mero aplicador de recursos que assume o cotista.

Isto posto, abrem-se novos rumos para a interpretação da responsabilidade do cotista dos fundos de investimento em participações no Brasil.

O objetivo fundamental desta obra consubstancia-se na demonstração de que o regime atual de responsabilidade dos cotistas de fundo de investimento em participações não é compatível com a posição de simples aplicadores que tais personagens desempenham, o que acaba expondo-os a um risco não desejável.

Este livro trata do problema da responsabilidade do cotista do FIP a partir do exame particular dos elementos estruturais e funcionais dos fundos de investimento em participações.

À luz dos ensinamentos de Norberto Bobbio, o presente trabalho se propõe a analisar a disciplina jurídica dos fundos de investimento em participações e seus efeitos com relação à responsabilidade dos cotistas sob o aspecto duplo da estrutura e da função da norma[11]. Como a presente obra pretende demonstrar a incoerência entre a estrutura e a função dos fundos de investimento em participações no que diz respeito à responsabilidade dos seus cotistas, impõe-se um exame crítico e atual sobre os fundamentos de sua estrutura, assim como de seus aspectos funcionais.

Este livro tem origem na dissertação de mestrado do autor, vinculada à linha de pesquisa *Empresa e Atividades Econômicas*, da área de concentração em Pensamento Jurídico e Relações Sociais do Programa de Pós-graduação em Direito da Faculdade de Direito da UERJ. Assim, por meio da referida linha de pesquisa, propõe-se a exploração da empresa em seus múltiplos perfis, inclusive as relações de trabalho mantidas pelo empresário com seus colaboradores e a propriedade intelectual. Nesse

---

[11] Sobre a teoria desenvolvida pelo pensador italiano Norberto Bobbio a respeito da estrutura e da função das normas, vide BOBBIO, Norberto. *Da estrutura à função*. Tradução de Daniela Beccaccia Versiani. Barueri-SP: Manole, 2008.

INTRODUÇÃO

contexto, importantes temas e questões que atingem hodiernamente o universo empresarial dentro do âmbito das relações privadas são objeto de investigação na linha de pesquisa.

No que diz respeito à organização da exposição do trabalho, o primeiro capítulo é dedicado à contextualização dos fundos de investimento no ordenamento jurídico brasileiro, o que é feito por meio da apresentação de breves aspectos históricos e da forma como estão estruturados, com foco na estrutura do fundo de investimento em participações.

Tendo em vista que o núcleo de desenvolvimento da pesquisa sobre a qual este livro se ocupa é a responsabilidade do cotista do FIP na hipótese de responsabilização do FIP em razão de sua posição de controlador de sociedade, o segundo capítulo trata de forma sucinta da estrutura do poder de controle, da identificação do acionista controlador e das hipóteses de sua responsabilização.

No terceiro capítulo são apontadas as hipóteses de responsabilização direta e indireta dos cotistas de fundos de investimento em participações. Nesse capítulo, busca-se demonstrar que o cotista do FIP, em razão da responsabilidade subsidiária decorrente da obrigação de arcar com o patrimônio negativo do fundo, está sujeito a responsabilidade indireta incompatível com o seu papel de investidor. Ao final do capítulo, busca-se apontar uma solução para o problema da responsabilidade do cotista do FIP.

Com a articulação objetiva e direta dos problemas envolvidos pelo tema da pesquisa, busca-se alcançar com clareza as inferências consubstanciadas na conclusão desta obra.

Impõe-se, ainda, ressalvar as opções com que trabalhou o pesquisador, endereçando uma sintética exposição sobre o método científico utilizado na pesquisa da qual resultou a presente obra.

Tendo em vista que o objetivo do trabalho é tratar da responsabilidade a que está sujeito o cotista do fundo de investimento em participações no Brasil, a pesquisa não se ocupou de forma incisiva dos aspectos históricos dos mecanismos de investimento coletivo nos ordenamentos jurídicos estrangeiros.

Sob esse prisma, a pesquisa se restringiu aos aspectos históricos dos institutos destinados a viabilizar o investimento coletivo no ordenamento jurídico brasileiro que se estruturaram de forma semelhante à estrutura atual dos fundos de investimento, notadamente as estruturas societárias (sociedades de investimentos) e fundos de investimentos estruturados no século XX.

A respeito das referências a sistemas estrangeiros, é importante esclarecer que esta obra não contempla estudo de direito comparado. Exclusivamente com o intuito de conhecer a estrutura de responsabilidade do cotista de mecanismo de investimento coletivo semelhante ao fundo de investimento em participações, o autor consultou obras (artigos e livros) editadas por autores norte-americanos obtidos em sítios especializados na internet, indicados nas referências bibliográficas.

No que diz respeito à metodologia jurídica, não está compreendido no escopo desta obra uma exposição aprofundada sobre esse particular. Sem prejuízo, entende-se que é adequado que o pesquisador apresente os critérios pelos quais desenvolveu seu trabalho, dentre aqueles disponibilizados pela metodologia jurídica, a fim de a expor a consistência, a coerência e a seriedade da pesquisa.

O ponto de partida da pesquisa consubstancia-se no entendimento da função do instituto do fundo de investimento como mecanismo de investimento coletivo e de como tal mecanismo encontra-se estruturados e regulados no ordenamento jurídico brasileiro, a fim de verificar em que medida o fundo de investimento em participações propriamente dito se presta a empreender a função para a qual se destina.

Nessa esteira, defronta-se com o problema da ausência de limitação da responsabilidade do cotista de fundo de investimento em participações, que decorre da atribuição, ao cotista, de responsabilidade pelo patrimônio líquido negativo do fundo. Tal responsabilidade, conforme se buscará demonstrar no presente trabalho, é incompatível com a posição de mero investidor assumida pelo cotista de FIP.

Sem dúvida, a introdução da limitação da responsabilidade dos sócios foi um marco importante na evolução do direito empresarial porquanto se prestou a promover uma separação efetiva do patrimônio pessoal dos sócios do patrimônio da sociedade empresária, evitando que as dívidas sociais pudessem contaminar o patrimônio pessoal dos sócios de sociedades que os atribuíssem responsabilidade limitada à integralização do capital subscrito. Sobre esse particular, Oksandro Gonçalves registrou que:

> Assim, a limitação da responsabilidade está associada à personalidade jurídica e à autonomia patrimonial, mas depende do tipo societário para ser

INTRODUÇÃO

limitada ou ilimitada a responsabilidade. Dessa forma, ser pessoa jurídica representa a possibilidade de garantir a esse grupo um regime de responsabilidade diferenciada que pode chegar à responsabilidade limitada dos seus membros em relação às obrigações da sociedade, algo que representa um privilégio no sistema geral do direito comum. Isso não ocorreu desde o início da teoria do Direito Societário, tendo sido construído ao longo da sua evolução. Aparentemente, a doutrina sustenta que primeiro desenvolveu-se a noção de pessoa jurídica, de autonomia patrimonial para, somente então, chegar-se à figura da responsabilidade limitada tal como atualmente conhecida, fato em muito reputado à teoria do risco e das tentativas de limitá-lo no âmbito do exercício da atividade empresarial.[12]

Nessa linha, faz-se necessário o estudo da evolução da teoria da limitação de responsabilidade, a fim de se obter fundamentos para que se defenda a limitação de responsabilidade de cotistas de fundo de investimento em participações.

Portanto, as diretrizes da pesquisa que originou este livro procuram conjugar sistematicamente as normas relacionadas à estrutura jurídica dos fundos de investimento em participações no direito brasileiro com a doutrina da limitação de responsabilidade.

Assim, a presente obra se valeu de duas premissas metodológicas: a visão humanista e axiológica do Direito e das relações jurídicas patrimoniais e a consideração dos efeitos econômicos da solução jurídica.

---

[12] GONÇALVES, Oksandro. Os princípios gerais do direito comercial: autonomia patrimonial da pessoa jurídica, limitação e subsidiariedade da responsabilidade dos sócios pelas obrigações sociais. *Revista de Direito Bancário e do Mercado de Capitais*, São Paulo, v. 15, n. 58, p. 194, out./dez. 2012.

1
Os Fundos de Investimento no Ordenamento Jurídico Brasileiro

Neste capítulo, serão apresentados, de forma sucinta, os aspectos históricos dos fundos de investimento no Brasil, sua estrutura jurídica e principais características, para então se apresentar a disciplina específica do fundo de investimento em participações.

1.1. Aspectos históricos dos fundos de investimento no Brasil

De acordo com Peter Walter Ashton, o surgimento de mecanismos de investimento coletivo no Brasil se deu por volta de 1940[13], verificando-se a utilização de estruturas societárias, notadamente a sociedade de investimento e a sociedade em conta de participação.

Em maio de 1945, durante o período de exceção da Ditadura Vargas, foi editado o Decreto-Lei nº 7.583, normativo que fazia referências às sociedades de investimento e delegava ao Ministério da Fazenda competência para regular a matéria. Menos de um mês depois, foi expedida a Portaria nº 88/1945 pelo Ministério da Fazenda, para fins de regular a constituição e o funcionamento das sociedades de investimento. Nesse contexto, havia necessidade de autorização ministerial tanto para a constituição de sociedade de investimento quanto para a alteração do seu estatuto social.

No fim de 1945 foi publicado o Decreto-Lei nº 8.495, que transferiu à Superintendência de Moeda e Crédito (SUMOC), as atribuições mencio-

---

[13] ASHTON, Peter Walter. *Companhias de investimento*. Rio de Janeiro: Edições Financeiras, 1963, p. 14.

nadas no Decreto-Lei nº 6.419/44, dentre as quais se inseria a regulação das sociedades de investimento. No ano seguinte (1946), com o advento do Decreto-Lei nº 9.603, passou a ser permitida a organização de seções de financiamento e de crédito por pessoas naturais ou jurídicas cujas atividades justificassem, a critério da SUMOC, a criação de tais seções, que seriam reguladas pelo Decreto-Lei nº 7.583/45[14].

Com a promulgação da Constituição de 1946, foi definida como competência exclusiva da União legislar sobre normas gerais de direito comercial e instituições de crédito e seguros, bem como fiscalizar tais mercados. Apesar do clamor do mercado para a edição de regulamentação das companhias de investimento, percebeu-se um hiato normativo até 1959, quando foi editada a Portaria nº 309, do Ministério da Fazenda.

Referida Portaria, apesar de bem-intencionada, foi bastante criticada em razão de o Ministério da Fazenda, por não possuir competência para legislar sobre a matéria, estar usurpando competência legislativa da União[15]. Não obstante, além de estabelecer que as sociedades de investimento deveriam ser constituídas sob a forma de sociedade anônima, com a consignação, em sua denominação, da expressão "Crédito, Financiamento e Investimento", inovou ao permitir que tais companhias constituíssem fundos em condomínio, cujos certificados seriam nominativos e livremente transferíveis.

Porém, antes da publicação de tal Portaria, já havia sido criado, em 1957, o Fundo de Investimento Crescinco, que foi o primeiro fundo constituído sob a forma de condomínio civil, por meio de escritura pública registrada em Registro de Títulos e Documentos contendo o regulamento que tratava detalhadamente da sua forma de funcionamento.

A opção por tal estrutura foi influenciada pelo fato de que, naquela época, ainda não existia possibilidade de as sociedades anônimas brasi-

---

[14] De acordo com o artigo 1º do Decreto-Lei nº 9.603/46, "as emprêsas comerciais e industriais, pessoas físicas ou jurídicas, cujas atividades, a juízo da Superintendência da Moeda e do Crédito, justifiquem a organização de seções de financiamento ou de crédito, poderão mantê-las sob o regime do Decreto-lei nº 7.583, de 25 de maio de 1945" (BRASIL. Decreto-Lei nº 9.603, de 16 de agosto de 1946. Disponível em: <http://www.planalto.gov.br>. Acesso em: 20 dez. 2016).

[15] FREITAS, Ricardo de Santos. *Natureza jurídica dos fundos de investimento*. São Paulo: Quartier Latin, 2005, p. 80.

leiras possuírem capital autorizado, o que dificultava a operacionalização das subscrições e resgates por parte dos investidores[16].

Há que se destacar que, em 1958, a Lei nº 3.470 estabeleceu que os fundos de investimento constituídos sob a forma de condomínio não seriam considerados pessoas jurídicas para fins de tributação do imposto de renda, o que sugeria uma preferência normativa pela forma condominial para os mecanismos de investimento coletivo, dada a vantagem tributária que lhes foi atribuída.

Em 1965 foi publicada a Lei nº 4.728, que dispôs sinteticamente sobre os fundos de investimento em apenas dois artigos:

> Art. 49. Depende de prévia autorização do Banco Central o funcionamento das sociedades de investimento que tenham por objeto:
>
> I – a aplicação de capital em Carteira diversificada de títulos ou valôres mobiliários ou;
>
> II – a administração de fundos em condomínio ou de terceiros, para aplicação nos têrmos do inciso anterior.
>
> § 1º Compete ao Conselho Monetário Nacional fixar as normas a serem observadas pelas sociedades referidas nêste artigo, e relativas a:
>
> a) diversificação mínima da carteira segundo emprêsas, grupos de emprêsas associadas, e espécie de atividade;
>
> b) limites máximos de aplicação em títulos de crédito;
>
> c) condições de reembôlso ou aquisição de suas ações pelas sociedades de investimento, ou de resgate das quotas de participação do fundo em condomínio;
>
> d) normas e práticas na administração da carteira de títulos e limites máximos de custos de administração.
>
> § 2º As sociedades de investimento terão sempre a forma anônima, e suas ações serão nominativas, ou endossáveis.
>
> § 3º Compete ao Banco Central, de acôrdo com as normas fixadas pelo Conselho Monetário Nacional, fiscalizar as sociedades de investimento e os fundos por elas administrados.

---

[16] ASHTON, Peter Walter. *Companhias de investimento*. Rio de Janeiro: Edições Financeiras, 1963, p. 41.

A RESPONSABILIDADE DO COTISTA DE FUNDO DE INVESTIMENTO EM PARTICIPAÇÕES

§ 4º A alteração do estatuto social e a investidura de administradores das sociedades de investimentos dependerão de prévia aprovação do Banco Central.

Art. 50. Os fundos em condomínios de títulos ou valôres mobiliários poderão converter-se em sociedades anônimas de capital autorizado, a que se refere a Seção VIII, ficando isentos de encargos fiscais os atos relativos à transformação[17].

Até os dias atuais, a Lei nº 4.728 é, ao lado das Leis nº 8.668/1993[18], 11.478/2007[19] e 13.043/2014[20], uma das poucas leis formais que trata dos fundos de investimento. A Lei de 1965 inovou ao introduzir a sociedade anônima de capital autorizado no ordenamento jurídico nacional, inclusive possibilitando a conversão de fundos constituídos sob a forma de condomínio em sociedades anônimas de capital autorizado, o que demonstrou a intenção do legislador de que os mecanismos de investimento coletivo adotassem a forma societária.

Visando proteger a integridade do sistema financeiro nacional, por meio da Resolução nº 103, de 10 de dezembro de 1968, o Banco Central vedou às sociedades de crédito e financiamento a constituição, administração ou gerência de fundos mútuos de financiamento, bem como a

---

[17] BRASIL. Lei nº 4.728, de 14 de julho de 1965. Disciplina o mercado de capitais e estabelece medidas para o seu desenvolvimento. Disponível em: <http://www.planalto.gov.br>. Acesso em: 20 dez. 2016.

[18] BRASIL. Lei nº 8.668, de 25 de junho de 1993. Dispõe sobre a constituição e o regime tributário dos Fundos de Investimento Imobiliário e dá outras providências. Disponível em: <http://www.planalto.gov.br>. Acesso em: 20 dez. 2016.

[19] BRASIL. Lei nº 11.478, de 29 de maio de 2007. Institui o Fundo de Investimento em Participações em Infraestrutura (FIP-IE) e o Fundo de Investimento em Participação na Produção Econômica Intensiva em Pesquisa, Desenvolvimento e Inovação (FIP-PF&I) e dá outras providências. Disponível em: <http://www.planalto.gov.br>. Acesso em: 20 dez. 2016.

[20] BRASIL. Lei nº 13.043, de 13 de novembro de 2014. Dispõe sobre os fundos de índice de renda fixa, sobre a responsabilidade tributária na integralização de cotas de fundos ou clubes de investimento por meio da entrega de ativos financeiros, sobre a tributação das operações de empréstimos de ativos financeiros e sobre a isenção de imposto sobre a renda na alienação de ações de empresas pequenas e médias; [...] e dá outras providências. Disponível em: <http://www.planalto.gov.br>. Acesso em: 20 dez. 2016.

colocação de novas cotas de fundos constituídos sob a forma de condomínio, sociedade em conta de participação ou quaisquer outras formas. Tal medida, por óbvio, gerou grande insatisfação no mercado. As entidades de classe se organizaram, a fim de viabilizar junto ao governo uma estrutura de fundo de investimento que atendesse a todos os interesses envolvidos. Nessa linha, foi editada em abril de 1970 a Resolução nº 145 do Banco Central do Brasil, que criou a figura do fundo mútuo de investimento, constituído sob a forma de condomínio e com características bem semelhantes às dos fundos de investimento atuais, separando-se o patrimônio do fundo (que teria inscrição própria no cadastro de contribuintes da Receita Federal) do patrimônio do administrador.

Dessa forma, atendeu-se à preocupação do governo de segregar o risco inerente ao fundo das instituições financeiras, bem como conferiu-se maior segurança aos cotistas, tendo em vista que o patrimônio dos fundos não poderia ser contaminado por contingências da instituição financeira.

Com a consolidação do modelo de fundo mútuo de investimento e a intenção do governo de incentivar investimentos em regiões e setores estratégicos no Brasil, foram criados pelo Decreto-Lei nº 1.376/74, o Fundo de Investimento do Nordeste (FINOR), o Fundo de Investimento da Amazônia (FINAM) e o Fundo de Investimentos Setoriais (FISET), com o escopo de adquirir participação societária em sociedades que houvessem sido consideradas aptas para receber incentivos fiscais pelas agências de desenvolvimento competentes.

Posteriormente, com a criação da Comissão de Valores Mobiliários (CVM), pela Lei nº 6.385 de 1976, passou a haver uma duplicidade de regulação, sendo alguns fundos regulados pelo Banco Central e outros pela CVM. Por meio da Resolução nº 1.787/1991, o Conselho Monetário Nacional atribuiu poderes à CVM para regular e adotar medidas que entendesse necessárias relativamente à constituição e funcionamento dos fundos mútuos de ações.

A partir de então, a CVM editou a Instrução nº 149/1991[21], que dispunha sobre os fundos setoriais de investimento em ações; a Instrução

---

[21] BRASIL. Comissão de Valores Mobiliários. Instrução nº 149, de 3 de julho de 1991. Dispõe sobre os Fundos Setoriais de Investimento em Ações. Disponível em: <http://www.cvm.gov.br>. Acesso em: 20 dez. 2016.

n° 171/1992[22], que disciplinava os fundos setoriais de investimento em ações do setor de mineração; a Instrução CVM n° 302/1999[23], que tratava da constituição, administração, funcionamento e a divulgação de informações dos fundos de investimento em títulos e valores mobiliários e a Instrução n° 304/1999[24], que regia o fundo de investimento em cotas de fundo de investimento em títulos e valores mobiliários.

Em 2001, a Lei n° 6.385/76 foi alterada pela Lei n° 10.303, que incluiu as cotas de fundos de investimento no rol de valores mobiliários previstos na lei e, consequentemente, outorgou competência plena à CVM para regular e fiscalizar a matéria.

A fim de implementar a mudança para regulação dos fundos de investimento para a Comissão de Valores Mobiliários, foi firmado, em 5 de julho de 2002, convênio entre o Banco Central e a CVM, que dispôs sobre o intercâmbio de informações, visando a transição do regime de regulação.

Um dos grandes marcos na história dos fundos de investimento no Brasil foi, sem dúvida, a edição, em 2004, da Instrução CVM n° 409 que passou a regular os fundos de investimento (com exceção das espécies de fundo que já possuíssem regulação própria), e assim os definiu:

> Art. 2°. O fundo de investimento é uma comunhão de recursos, constituída sob a forma de condomínio, destinado à aplicação em títulos e valores mobiliários, bem como em quaisquer outros ativos disponíveis no mercado financeiro e de capitais, observadas as disposições desta Instrução[25].

---

[22] BRASIL. Comissão de Valores Mobiliários. Instrução n° 171, de 23 de janeiro de 1992. Dispõe sobre os Fundos Setoriais de Investimento em Ações do Setor de Mineração. Disponível em: <http://www.cvm.gov.br>. Acesso em: 20 dez. 2016.

[23] BRASIL. Comissão de Valores Mobiliários. Instrução n° 302, de 5 de maio de 1999. Dispõe sobre a constituição, a administração, o funcionamento e a divulgação de informações dos fundos de investimento em títulos e valores mobiliários. Disponível em: <http://www.cvm.gov.br>. Acesso em: 20 dez. 2016.

[24] BRASIL. Comissão de Valores Mobiliários. Instrução n° 304, de 5 de maio de 1999. Dispõe sobre fundo de investimento em cotas de fundo de investimento em títulos e valores mobiliários. Disponível em: <http://www.cvm.gov.br>. Acesso em: 20 dez. 2016.

[25] BRASIL. Comissão de Valores Mobiliários. Instrução n° 409, de 18 de agosto de 2004. Dispõe sobre a constituição, a administração, o funcionamento e a divulgação de informações dos fundos de investimento. Disponível em: <http://www.cvm.gov.br>. Acesso em: 20 dez. 2016.

OS FUNDOS DE INVESTIMENTO NO ORDENAMNTO JURÍDICO BRASILEIRO

A Instrução CVM nº 409 logrou organizar de forma sistematizada a dinâmica de constituição e funcionamento dos fundos, definindo os papéis do administrador e dos prestadores de serviço, bem como disciplinando suas relações com os cotistas. Após mais de 10 anos em vigor, foi revogada em 1º de outubro de 2015, quando da entrada em vigor da Instrução CVM nº 555/2014, que a substituiu.

Por sua vez, a Instrução CVM nº 555 pode ser entendida como uma revisão positiva da Instrução CVM nº 409, ajustando a regulação à evolução da indústria de fundos de investimento no Brasil.

Feita a apresentação dos principais aspectos históricos dos fundos de investimento, nas linhas que se seguem serão descritas, de forma sucinta, as teorias desenvolvidas a respeito de sua natureza jurídica, para então se tratar da estrutura de funcionamento dos fundos de investimento à luz do disposto na Instrução CVM nº 555/2014.

1.2. A estrutura jurídica dos fundos de investimento

A respeito da natureza jurídica dos fundos de investimento, Ricardo dos Santos Freitas aponta quatro principais teorias utilizadas pela doutrina clássica europeia: a copropriedade, a propriedade em mão comum, a propriedade fiduciária e a organização associativa[26]. Além dessas quatro teorias, Mario Tarvernard Martins de Carvalho indica, também, a teoria da comunidade de bens não condominal[27]. Milena Donato Oliva, por sua vez, sustenta que os fundos de investimento teriam natureza jurídica de patrimônio separado[28].

Apesar de se entender que apenas as teorias condominal e societária são aplicáveis no contexto do ordenamento jurídico brasileiro, apresentam-se de forma sucinta, nas linhas que se seguem, todas as teorias acima referidas.

---

[26] FREITAS, Ricardo de Santos. *Natureza jurídica dos fundos de investimento*. São Paulo: Quartier Latin, 2005, p. 140.

[27] CARVALHO, Mario Tarvernard Martins de. *Regime jurídico dos fundos de investimento*. São Paulo: Quartier Latin, 2012, p. 183.

[28] OLIVA, Milena Donato. Indenização devida "ao fundo de investimento": qual cotista vai ser contemplado, o atual ou o da data do dano? *Revista dos Tribunais*, São Paulo, v. 100, n. 904, p. 73-96, fev. 2011.

1.2.1. Teoria condominial

O condomínio é, basicamente, um instituto de direito real, correspondente à propriedade de um bem indivisível por mais de uma pessoa. De acordo com Caio Mário da Silva Pereira, "dá-se condomínio quando a mesma coisa pertence a mais de uma pessoa, cabendo a cada uma delas igual direito, idealmente, sobre o todo e cada uma de suas partes"[29].

O Código Civil trata do condomínio geral nos artigos 1.314 a 1.330, estabelecendo a disciplina da propriedade comum da seguinte forma: cada condômino pode usar a coisa conforme sua destinação e exercer todos os direitos compatíveis com a indivisão, bem como reivindicá-la de terceiro, defender a sua posse, alienar ou gravar a respectiva parte ideal, não podendo, contudo, alterar a destinação da coisa comum, nem dar posse, uso ou gozo dela a estranhos sem o consenso dos outros condôminos.

A qualquer tempo, o condômino poderá exigir a divisão da coisa comum, hipótese em que as despesas da divisão recairão proporcionalmente sobre as frações de cada condômino.

Assim, a teoria condominial aplicada aos fundos de investimento baseia-se no entendimento de que o fundo de investimento não possui personalidade jurídica própria, mas consiste em um grupo de pessoas que aglutinam recursos financeiros para serem titulares, conjuntamente, da propriedade de tais recursos e de seus frutos.

Ocorre que, ao subscrever ou adquirir a cota de fundo de investimento, o investidor adquire um valor mobiliário representativo da fração ideal do patrimônio do fundo, sujeitando-se ao regulamento do fundo e à regulação da CVM para a matéria. Por conseguinte, na prática, não existe uma relação de copropriedade entre os cotistas sobre o patrimônio do fundo, nos termos dos artigos 1.314 e seguintes do Código Civil, mas sim um direito exclusivo relativo às suas respectivas cotas. Tal aspecto é ressaltado por Ricardo dos Santos Freitas da seguinte forma:

> Ademais, ao aportar recursos em um fundo de investimento, o investidor tornar-se-ia, para os que apoiam esta tese, co-proprietário dos bens que o

---

[29] PEREIRA, Caio Mário da Silva. *Instituições de direito civil.* Vol. IV. 19. ed. Rio de Janeiro: Forense, 2006, p. 175.

integram. Contudo, mesmo nos ordenamentos que qualificam o fundo como condomínio, o que se depreende do conjunto de regras que o disciplinam é que ao investidor não são atribuídos os direitos garantidos a um condômino na acepção legal. Tanto se lhe tolhe que a expressão condômino perde o sentido. Em verdade, os ordenamentos legais, de forma geral, explicitam claramente que ao "condômino" é atribuído tão somente o direito a uma "cota", que representa a uma fração ideal do fundo. Se é assim, o próprio legislador retira do investidor a condição de condômino, restando-lhe apenas o *nomen iuris*[30].

A respeito da técnica empregada pela CVM de atribuir ao fundo a forma de condomínio, cumpre destacar a veemente crítica formulada por Mario Tarvernard Martins de Carvalho:

> [...] a CVM não poderia dispor que se trata de um condomínio e, ao mesmo tempo, contrariar uma série de normas imperativas que dispõem acerca deste instituto. Nesse diapasão, não teria a CVM competência para criar um condomínio dito *sui generis*. A instrução normativa não pode contrariar a legislação vigente.
>
> [...]
>
> No entanto, há uma tendência na doutrina nacional em entender terem os fundos de investimentos natureza condominial. Isso decorre principalmente por se seguir a nomenclatura utilizada pela CVM em suas instruções normativas[31].

Outro aspecto que merece destaque é o fato de o fundo ser criado por seu administrador[32], sem patrimônio (que será formado apenas quando da integralização das cotas subscritas), de forma que, ao menos nesse momento inicial, o fundo já existe, mas não possui patrimônio,

---

[30] FREITAS, Ricardo de Santos. *Natureza jurídica dos fundos de investimento*. São Paulo: Quartier Latin, 2005, p. 161-162.

[31] CARVALHO, Mario Tarvernard Martins de. *Regime jurídico dos fundos de investimento*. São Paulo: Quartier Latin, 2012, p. 185-186.

[32] BRASIL. COMISSÃO DE VALORES MOBILIÁRIOS. Instrução nº 555, de 17 de dezembro de 2014. Art. 6º: "O fundo será constituído por deliberação de um administrador a quem incumbe aprovar, no mesmo ato, o regulamento do fundo".

nem cotistas. Logo, se não há bem para ser titularizado coletivamente, tampouco titulares para esse bem inexistente, resta impossibilitado o enquadramento o fundo como condomínio, conforme disciplinado pelo Código Civil.

1.2.2. Teoria da comunidade de bens não condominial

De acordo com a teoria da comunidade de bens não condominial, o fundo de investimento seria uma universalidade de direitos, a exemplo da herança. Ressalte-se que o conceito de comunhão é mais amplo que o de condomínio, representando a ideia de tudo que é comum.

Segundo Fernando Schwarz Gaggini, a teoria da comunidade de bens não condominial "identifica a figura do fundo de investimento como uma *universitas juris* singular, distinta da co-propriedade clássica referida na teoria anterior, tal qual é a herança no direito positivo da maioria dos países"[33].

Essa teoria é adotada, por exemplo, em Portugal e pode ser resumida nas seguintes palavras de Alexandre Brandão da Veiga:

> Os fundos parecem ser, assim, patrimónios autónomos cujo objeto é constituído por activos e recebendo capitais do público. Os fundos são universalidades de direito. Daí que sejam diferentes das suas carteiras, que são universalidades de facto. [...] Daí que se deva considerar que um fundo é a institucionalização de uma carteira com apelo a capitais do público. Institucionalização de uma carteira e não formação de uma carteira[34].

Ricardo dos Santos Freitas concluiu que a teoria da comunidade de bens não condominial seria inaplicável no Brasil, nos seguintes termos:

> No direito brasileiro, condomínio e co-propriedade se equivalem, enquanto que o vocábulo comunhão tem um sentido mais amplo que ambos [...]. Não obstante, ao adotar a teoria da comunhão de bens dos cotistas, a

---

[33] GAGGINI, Fernando Schwarz. *Fundos de investimento no direito brasileiro*. São Paulo: Livraria e Editora Universitária de Direito, 2001, p. 52.

[34] VEIGA. Alexandre Brandão da. *Fundos de investimento mobiliário e imobiliário*. Coimbra: Almedina, 1999, p. 538-540. Nesse sentido, veja-se também VAZ TOMÉ, Maria João Romão Carreiro. *Fundos de investimento mobiliário abertos*. Coimbra: Almedina, 1997, p. 185-186.

doutrina pátria reconhece os fundos de investimento como um condomínio atípico, e não como uma comunhão não condominial[35].

Mário Tavernard Martins de Carvalho acrescenta, ainda, que o artigo 1.791 do Código Civil estabelece a aplicação das normas que disciplinam o condomínio à posse e propriedade da herança (constituída como um todo unitário e indivisível) pelos herdeiros, ressalvando que a herança é objeto, e não sujeito de direito[36].

Dessa forma, ainda que se admitisse que a natureza jurídica dos fundos de investimento fosse a de comunhão (universalidade de direito), a aplicação analógica do mencionado artigo 1.791 do Código Civil faria com que tal comunhão fosse encarada como condomínio.

1.2.3. Teoria da propriedade em mão comum

O conceito de comunhão no direito germânico remete a uma ideia de comunhão *pro indiviso*, priorizando a comunidade em detrimento do indivíduo[37]. Assim, "na concepção ontológica germânica elimina-se a noção de fração ideal e se atribui o direito de uso e gozo à comunidade em si mesma considerada e não ao indivíduo"[38].

A respeito da teoria da propriedade em mão comum, Orlando Gomes registrou que:

> O direito alemão conhece a figura da propriedade de mão comum, cuja construção jurídica é distinta, senão oposta à do condomínio. Ao contrário do que se verifica na compropriedade, há uma vinculação recíproca entre todos que participam da relação jurídica, de modo que cada qual não tem direito sobre uma parte da coisa, ainda que ideal, mas, sim, sobre o todo. Em consequência, nenhum pode dispor de parte da coisa, nem exigir sua

---

[35] FREITAS, Ricardo de Santos. *Natureza jurídica dos fundos de investimento*. São Paulo: Quartier Latin, 2005, p. 186-187.

[36] CARVALHO, Mario Tavernard Martins de. *Regime jurídico dos fundos de investimento*. São Paulo: Quartier Latin, 2012, p. 189.

[37] A respeito do conceito de "mão comum", ver REQUIÃO, Rubens. *Curso de Direito Comercial*. 26. ed. 1º Vol. São Paulo: Saraiva, 2006, p. 386.

[38] FREITAS, Ricardo de Santos. *Natureza jurídica dos fundos de investimento*. São Paulo: Quartier Latin, 2005, p. 187.

divisão. Na administração do bem comum, a prática dos atos está sujeito ao consentimento unânime, não vigorando, pois, o princípio da maioria, que é próprio do condomínio[39].

Segundo Maria João Vaz Tomé, na propriedade em mão comum, não existe o conceito de cota, tampouco a possibilidade de divisão do patrimônio. Veja-se o entendimento da referida autora:

> Trata-se de um património dotado de uma estrutura colectivista, que incide não já sobre a *res*, mas sobre o património enquanto instrumento de um escopo comum, que ignora o conceito de quota e em que os proprietários não podem pedir a divisão[40].

Tendo em vista que o patrimônio dos fundos de investimento é representado por cotas representativas de suas frações ideais[41], que podem ser resgatadas por solicitação de seu titular (no caso dos fundos abertos), resta impossibilitada, de plano, a teoria da propriedade em mão comum aos fundos de investimento brasileiros.

1.2.4. Teoria da propriedade fiduciária

Segundo essa teoria, o administrador seria o proprietário fiduciário do patrimônio do fundo, em razão de estar investido de poderes inerentes do titular do direito de domínio, sendo a sua relação com os cotistas regida por uma relação de mandato.

Nessa esteira, os cotistas não possuiriam direito real sobre o patrimônio do fundo, mas tão somente uma relação de natureza obrigacional com o administrador.

Tal teoria encontra abrigo no sistema da *common law*, no qual se admite o desdobramento da propriedade de forma mais ampla, como, por exem-

---

[39] GOMES, Orlando. *Direitos reais*. Rio de Janeiro: Forense, 2002, p. 213.

[40] VAZ TOMÉ, Maria João Romão Carreiro. *Fundos de investimento mobiliário abertos*. Coimbra: Almedina, 1997, p. 169.

[41] Conforme disposto no artigo 11 da Instrução CVM nº 555/2014 e no artigo 10 da Instrução CVM nº 40/2004.

OS FUNDOS DE INVESTIMENTO NO ORDENAMNTO JURÍDICO BRASILEIRO

plo, no instituto do *trust*[42]. Já nos ordenamentos orientados pela *civil law*, a teoria da propriedade fiduciária dos fundos de investimento não é aplicável, na medida em que o contrato de mandato não logra transferir a propriedade de bens ao mandatário, bem como todo patrimônio deve estar vinculado a um proprietário.

No Brasil, muito embora já se admita o desdobramento da propriedade (como, por exemplo, na hipótese da alienação fiduciária em garantia[43] e do direito de superfície[44]), ao proprietário fiduciário não é atribuído poder de disposição dos bens, o que impediria a aplicação dessa teoria, pois o administrador de um fundo, enquanto proprietário fiduciário, não poderia adquirir e alienar os ativos, prática rotineira nesse tipo de atividade.

Adicionalmente, registre-se que a relação entre o administrador e os cotistas é a de mera prestação de serviços, não podendo, portanto, se falar em propriedade fiduciária.

---

[42] O *trust* é um instituto jurídico típico do sistema de *commom law* que, nas palavras de Milena Donato Oliva, "permite, em linhas gerais, a promoção de um certo fim ou dos interesses de determinadas pessoas, denominadas beneficiários, por meio dos proveitos oriundos da administração, pelo *trustee*, de bens que titulariza, os quais lhe foram transmitidos pelo *settlor* para este mister. Dada essa configuração aberta, simples, versátil, o *trust* pode servir à tutela de variados interesses, sendo mecanismo apto a realizar, conseguintemente, inúmeras funções. [...] Em razão da tutela conferida pela *equity* aos beneficiários, parte da doutrina atribuiu ao instituto do *trust* a característica de ocasionar um desmembramento da propriedade em formal e substancial. A propriedade formal ficaria a cargo do *trustee* ao passo que o domínio substancial seria atribuído aos beneficiários, de modo que o detentor da titularidade formal administraria o bem e transmitiria as vantagens de sua gestão ao titular material, beneficiário dos proveitos advindos da administração. O desmembramento do domínio em formal e substancial mostra-se, entretanto, inconciliável com princípios basilares dos ordenamentos de tradição romano-germânica, de maneira que esta leitura do *trust* dificulta demais – senão impossibilita de todo – a tentativa de sua incorporação por países da *civil law* (OLIVA, Milena Donato. O trust e o direito brasileiro. *Revista Semestral de Direito Empresarial – RSDE*, Rio de Janeiro, n. 6, p. 151-155, jan./jun. 2010).

[43] Sendo a alienação fiduciária de bens móveis regulada pelo artigo 1.368-B do Código Civil e pelo artigo 66 da Lei nº 4.728/65 (no caso de operações realizadas no âmbito do mercado financeiro e de capitais) e a de bens imóveis pela Lei nº 9.514/1997.

[44] Regulado pelo artigo 1.369 e seguintes do Código Civil e pelo artigo 21 e seguintes da Lei nº 10.257/2001 (Estatuto da Cidade), no caso de direito de superfície referente a imóveis urbanos.

1.2.5. Teoria societária

Segundo a teoria societária (ou associativa), o fundo é enxergado como uma estrutura associativa, com personalidade e capacidade distintas de seus membros. Nessa linha, sustenta-se a verificação dos elementos do contrato de sociedade estabelecidos no artigo 981 do Código Civil: contribuição em bens (transferência de recursos para integralização das cotas), exercício de atividade econômica (administração/gestão de patrimônio) e partilha dos resultados (incorporação dos resultados ao valor da cota, que poderá ser resgatada).

Ricardo dos Santos Freitas sustenta a natureza societária dos fundos de investimento. Veja-se:

> Se o tipo econômico fundo de investimento, em todas as suas espécies existentes na realidade jurídica, está regulado em lei especial, e o sentido jurídico de sua representação global subsume-se perfeitamente ao conceito abstrato de sociedade, tal qual estatuído no artigo 981 do Código Civil, não hesitaremos, então, em concluir que estamos diante de uma sociedade. Vale recordar que o regime tipológico parcialmente aberto adotado pelo legislador brasileiro exige tão somente que a lei especial tenha tipificado a estrutura organizativa, isto é, tenha regulamentado o tipo econômico em questão. Não se exige que a lei especial venha expressamente referir que aquela estrutura organizativa será considerada uma sociedade, pois essa exigência é característica do regime tipológico fechado e não condiz com o quanto estatuído no artigo 983 do Código Civil[45].

Ocorre que o artigo 983 do Código Civil dispõe que a sociedade empresária deverá se constituir segundo um dos tipos regulados nos artigos 1.039 a 1.092 do Código, ressalvando, em seu parágrafo único, que as disposições constantes de leis especiais que, para o exercício de certas atividades, imponham a constituição da sociedade segundo determinado tipo.

Por essa razão, o posicionamento de Ricardo dos Santos Freitas é criticado por Mario Tarvernard Martins de Carvalho, da seguinte forma:

---

[45] FREITAS, Ricardo de Santos. *Natureza jurídica dos fundos de investimento*. São Paulo: Quartier Latin, 2005, p. 218.

OS FUNDOS DE INVESTIMENTO NO ORDENAMNTO JURÍDICO BRASILEIRO

[...] Não seria possível interpretar de maneira ampliativa a expressão "lei especial". Este é um termo jurídico que se refere exatamente a leis externas, *in casu*, ao Código Civil, decorrente do devido processo legislativo (art. 59 da Constituição da República). Instruções normativas não são leis, prestando--se exclusivamente a regulamentá-las, quando for o caso. Além disso, a lei especial deve, de maneira expressa, referir tratar-se de sociedade, até mesmo por representar uma inovação e um tipo específico.

Caso se admita ser possível a criação de tipos de sociedade por atos regulamentares, tais como as instruções normativas da CVM, além de contrariar disposição expressa do art. 983 do Código Civil, teríamos, no mínimo, um número de novos tipos societários idêntico ao de tipos de fundos de investimento existentes[46].

Na literatura recente, há manifestação no sentido de que os fundos de investimento teriam a natureza de sociedade em comum despersonificada, regida pelo regulamento[47]. Todavia, a doutrina ainda se divide entre a adoção das teorias societária e condominial[48].

1.2.6. Teoria do patrimônio separado

De acordo com o entendimento de Milena Donato Oliva, os fundos de investimento configuram patrimônio separado "de titularidade dos quotistas ou da administradora. Cuida-se de universalidade patrimonial autônoma, que não se confunde com o patrimônio geral dos quotistas ou da administradora"[49].

---

[46] CARVALHO, Mario Tarvernard Martins de. *Regime jurídico dos fundos de investimento*. São Paulo: Quartier Latin, 2012, p. 185-186.

[47] Nesse sentido, v. FRANÇA, Erasmo Valladão Azevedo e Novaes. Parecer sobre: a natureza jurídica dos fundos de investimento; conflito de interesses apurado pela própria assembleia de quotistas; quórum qualificado para destituição de administrador de fundo. *Revista de Direito Empresarial*, Curitiba, n. 6, p. 11-39, jul./dez. 2006.

[48] Nelson Eizirik e Fernando Gaggini, por exemplo, defendem a natureza condominial do fundo de investimento (EIZIRIK, Nelson. et al. *Mercado de capitais – regime jurídico*. 3. ed. Rio de Janeiro: Renovar, 2011, p. 82-83 e GAGGINI, Fernando Schwarz. *Fundos de investimento no direito brasileiro*. São Paulo: Livraria e Editora Universitária de Direito, 2001, p. 53).

[49] OLIVA, Milena Donato. Indenização devida "ao fundo de investimento": qual cotista vai ser contemplado, o atual ou o da data do dano? *Revista dos Tribunais*, São Paulo, v. 100, n. 904, p. 76, fev. 2011.

Como se sabe, o patrimônio consiste em universalidade de direito[50] composto por elementos economicamente mensuráveis cujo conteúdo é dinâmico, uma vez que certos elementos podem sair da universalidade e outros nela ingressar.

Pode-se, por meio da separação patrimonial, promover a afetação de determinado grupo de situações jurídicas, então organizadas em universalidade de direito, para a realização de determinada finalidade prevista em lei, criando-se, assim, o patrimônio separado (ou patrimônio de afetação), tal como ocorre na incorporação imobiliária[51] e na securitização de recebíveis imobiliários[52].

Nessa linha, a técnica da afetação de patrimônio resulta na alteração da funcionalidade da titularidade, uma vez que o titular do patrimônio separado (ou a pessoa que o administra) não possui liberdade para disposição dos direitos que compõem tal patrimônio, senão segundo a finalidade da afetação.

Com o intuito de demonstrar a adequação da teoria do patrimônio separado à natureza dos fundos de investimento, a referida autora apresenta os seguintes argumentos:

> Por tudo isso, somente a lei pode estipular os principais efeitos oriundos da separação patrimonial, já que, em particular, a universalidade patrimonial autônoma (a) constitui, em si mesma, centro autônomo de imputação objetiva composto por situações jurídicas subjetivas ativas unificadas idealmente; (b) condiciona a conduta de seu titular, o qual deve agir com diligência para a persecução do escopo que a unifica, de modo que a titularidade se encontra funcionalmente vinculada ao fim do patrimônio segregado; (c) serve de garantia somente aos credores relacionados à finalidade que a unifica; e (d) torna possível a existência de relação jurídica "entre os patrimônios" titularizados por um mesmo sujeito.

Pode-se verificar, do exposto, que os elementos essenciais dos fundos de investimento correspondem à técnica da separação patrimonial, a qual,

---

[50] Segundo o artigo 91 do Código Civil, "constituiu universalidade de direito o complexo de relações jurídicas, de uma pessoa, dotadas de valor econômico".

[51] Conforme previsto na Lei nº 4.591, de 16 de dezembro de 1964.

[52] De acordo com a disciplina da Lei nº 9.514, de 20 de novembro de 1997.

por isso mesmo, deve nortear o intérprete na busca da disciplina aplicável à espécie.

Com efeito, (a) a possibilidade de alteração dos bens integrantes do fundo, (b) a inexistência de pretensão dos quotistas relativamente a qualquer elemento do fundo individualmente considerado, (c) a vinculação do titular do fundo ou daquele que o administra à persecução das finalidades do fundo, (d) a circunstância de os bens do fundo serem os primeiros ou os únicos a responder pelas obrigações contraídas, (e) a impossibilidade de os quotistas solicitarem a divisão dos bens do fundo, são elementos presentes em todos os fundos de investimento, que justamente são pertinentes ao instituto do patrimônio separado.

A noção de patrimônio conjugada com a de titularidade fiduciária, ou com o exercício desta titularidade a cargo de terceiro, confere a necessária versatilidade de que precisam os fundos para se tornarem mecanismos eficientes de gestão de capital[53].

Portanto, segundo a teoria do patrimônio separado, os fundos de investimento constituem patrimônio afetado que pode ser de titularidade da administradora (hipótese em que tal propriedade é fiduciária) ou universalidade patrimonial titularizada pelos cotistas, que não se confunde com o patrimônio pessoal destes ou com o patrimônio da administradora.

Conforme se demonstrará na Seção 3.3 desta obra, nenhuma das teorias acima apresentadas parecem ser suficientes para explicar a estrutura e o funcionamento dos fundos de investimento no direito brasileiro.

1.3. Principais características dos fundos de investimento no Brasil

Neste tópico, serão abordadas as principais características dos fundos de investimento no Brasil, segundo a disciplina da Instrução CVM nº 555/2014, que entrou em vigor em 1º de outubro de 2015.

Assim, será apresentada a disciplina geral dos fundos de investimento, porquanto a referida Instrução aplica-se a todo e qualquer fundo de

---

[53] OLIVA, Milena Donato. Indenização devida "ao fundo de investimento": qual cotista vai ser contemplado, o atual ou o da data do dano? *Revista dos Tribunais*, São Paulo, v. 100, n. 904, p. 76, fev. 2011.

A RESPONSABILIDADE DO COTISTA DE FUNDO DE INVESTIMENTO EM PARTICIPAÇÕES

investimento registrado junto à CVM, observadas as disposições das normas específicas aplicáveis a estes fundos[54].

Ressalva-se que as regras específicas aplicáveis aos fundos com regulação própria não serão tratadas neste tópico, assim como regras decorrentes de sistemas de autorregulação[55].

A Instrução CVM nº 555/2014 não alterou o conceito de fundo de investimento constante da Instrução CVM nº 409/2003, que continua sendo "uma comunhão de recursos, constituído sob a forma de condomínio, destinado à aplicação em ativos financeiros"[56].

Os fundos podem ser abertos ou fechados, conforme os cotistas possam ou não solicitar o resgate de suas cotas, nos termos do regulamento. No fundo aberto, o cotista pode resgatar suas cotas durante o regular funcionamento do fundo, observadas as regras estipuladas no regulamento.

---

[54] BRASIL. COMISSÃO DE VALORES MOBILIÁRIOS. Instrução nº 555, de 17 de dezembro de 2014, art. 1º.

[55] A respeito da atividade de autorregulação do mercado de fundos de investimento no Brasil, cumpre mencionar o Código ANBIMA de Regulação e Melhores Práticas de Fundos de Investimentos, editado pela Associação Brasileira das Entidades dos Mercados Financeiro e de Capitais – ANBIMA e aplicável a todos os seus associados e a não associados que a ele aderirem expressamente, conforme suas disposições. Disponível em: <http://www.anbima.com.br/circulares/arqs/cir2013000013_Codigo%20de%20 Fundos_15032013_vf.pdf>. Acesso em 20 dez. 2016.

[56] Nos termos do art. 2º, II, da Instrução nº 555/2014, são considerados ativos financeiros: (a) títulos da dívida pública; (b) contratos derivativos; (c) desde que a emissão ou negociação tenha sido objeto de registro ou de autorização pela CVM, ações, debêntures, bônus de subscrição, cupons, direitos, recibos de subscrição e certificados de desdobramentos, certificados de depósito de valores mobiliários, cédulas de debêntures, cotas de fundos de investimento, notas promissórias, e quaisquer outros valores mobiliários, que não os referidos na alínea "d"; (d) títulos ou contratos de investimento coletivo, registrados na CVM e ofertados publicamente, que gerem direito de participação, de parceria ou de remuneração, inclusive resultante de prestação de serviços, cujos rendimentos advêm do esforço do empreendedor ou de terceiros; (e) certificados ou recibos de depósitos emitidos no exterior com lastro em valores mobiliários de emissão de companhia aberta brasileira; (f) o ouro, ativo financeiro, desde que negociado em padrão internacionalmente aceito; (g) quaisquer títulos, contratos e modalidades operacionais de obrigação ou coobrigação de instituição financeira; e (h) warrants, contratos mercantis de compra e venda de produtos, mercadorias ou serviços para entrega ou prestação futura, títulos ou certificados representativos desses contratos e quaisquer outros créditos, títulos, contratos e modalidades operacionais desde que expressamente previstos no regulamento.

Já no fundo fechado, o resgate das cotas somente ocorre ao término do prazo de duração do fundo.

Assim, os fundos abertos tendem a conferir maior liquidez a seus cotistas, que se sujeitam apenas a prazos e condições que constem do regulamento para que possam monetizar suas cotas. Já o cotista de fundo fechado, caso pretenda desinvestir antes de encerrado o prazo de duração do fundo, dependerá de um mercado secundário para conseguir liquidar seu investimento, mediante a alienação de suas cotas para terceiros.

1.3.1. Constituição do fundo

A constituição do fundo se dá por deliberação do administrador, que aprova, no mesmo ato unilateral, o regulamento do fundo. O regulamento é o instrumento que disciplina detalhadamente as regras de funcionamento do fundo, estando para o fundo de investimento assim como o estatuto social está para uma companhia.

É no regulamento que se encontram as disposições a respeito da política de investimento do fundo, da remuneração do administrador e demais prestadores de serviços, público alvo e fatores de risco do fundo. Além dessas informações, o regulamento do fundo deve obrigatoriamente contemplar todas as matérias mencionadas no artigo 44 da Instrução CVM nº 555/2014.

Após a aprovação do regulamento, o administrador deve registrá-lo em Registro de Títulos e Documentos e tomar as seguintes providências:

(i) realizar a inscrição do fundo no Cadastro Nacional de Pessoas Jurídicas[57];

(ii) celebrar os contratos de prestação de serviços de (a) atividades de tesouraria, de controle e processamento dos ativos financeiros; (b) distribuição de cotas; (c) escrituração da emissão e res-

---

[57] Apesar de não possuírem personalidade jurídica, os fundos de investimento devem se inscrever no CNPJ por determinação do art. 4º, V, da Instrução Normativa RFB nº 1634/2016, da Receita Federal do Brasil (BRASIL. RECEITA FEDERAL DO BRASIL. Instrução Normativa nº 1634, de 6 de maio de 2016. Dispõe sobre o Cadastro Nacional da Pessoa Jurídica (CNPJ). Disponível em: <http://normas.receita.fazenda.gov.br>. Acesso em: 20 dez. 2016).

gate de cotas; e (d) custódia de ativos financeiros, caso não esteja habilitado para a prestação de tais serviços;

(iii) contratar auditor independente;

(iv) elaborar a lâmina de informações essenciais, nos termos do Anexo 42 da Instrução CVM nº 555/2014, caso o fundo em questão seja aberto e não seja destinado exclusivamente a investidores qualificados.

Além dos contratos acima referidos, o administrador poderá contratar, em nome do fundo, a prestação dos serviços de gestão da carteira do fundo, de consultoria de investimentos, de classificação de risco por agência de classificação de risco de crédito e de formador de mercado.

Na sequência, o administrador deve efetuar o registro do fundo perante a CVM, para que então o fundo possa iniciar seu funcionamento. O registro é realizado por meio do envio dos documentos discriminados no artigo 8º da Instrução CVM nº 555/2014 pelo Sistema de Envio de Documentos disponível no sítio da Comissão de Valores Mobiliários na rede mundial de computadores e é automaticamente concedido na data constante do protocolo de envio da respectiva documentação.

Apesar de o registro ser automaticamente concedido, a CVM o cancelará na hipótese de, após 90 dias do início de suas atividades, o fundo aberto mantiver patrimônio líquido inferior a R$ 1.000.000,00 por 90 dias consecutivos e não houver sido incorporado a outro fundo. Da mesma forma, será cancelado o registro do fundo fechado quando não for subscrito o número mínimo de cotas representativas de seu patrimônio inicial após o decurso do prazo de distribuição (que não poderá ultrapassar 180 dias).

Esclareça-se que o registro do fundo não se confunde com o registro da oferta de cotas do fundo. No caso dos fundos abertos, a distribuição de cotas independe de prévio registro na CVM. Já no caso dos fundos fechados, a oferta pública de cotas dependerá de prévio registro da CVM, na forma dos artigos 20 a 24 da Instrução CVM nº 555/2014.

1.3.2. Denominação e classificação

A denominação do fundo deve contemplar a expressão "Fundo de Investimento" e fazer referência à classificação do fundo, sendo vedado o emprego de termos ou expressões que induzam interpretação indevida quanto a seus objetivos, sua política de investimento, seu público alvo ou eventual tratamento tributário específico a que estejam sujeitos o fundo ou seus cotistas.

Os fundos regulados pela Instrução CVM nº 555/2014 podem ser classificados em "Fundo de Renda Fixa"[58], "Fundo de Ações"[59], "Fundo Multimercado"[60] e "Fundo Cambial"[61], de acordo com a composição de sua carteira. Além disso, os fundos cujos regulamentos consignarem o compromisso de obter tratamento fiscal destinado a fundos de longo prazo previsto na legislação fiscal vigente são obrigados a incluir a expressão "Longo Prazo" em sua denominação.

A Instrução CVM nº 555/2014 prevê uma série de sufixos que deverão ser acrescentados à denominação do fundo, de acordo com características como prazo de duração do fundo e dos títulos integrantes de sua carteira, estratégia vinculada a índice de referência, risco de crédito da carteira e investimento preponderante em ações de companhias listadas em mercado de acesso.

A ideia central é que a denominação do fundo transmita ao público investidor, de forma clara o segmento no qual o fundo aplica seu patrimônio e uma ideia dos fatores de risco aos quais a carteira do fundo se sujeita.

1.3.3. Cotas e cotista

As cotas são frações ideais do patrimônio do fundo. Devem ser nominativas e escriturais e, em princípio, conferem iguais direitos e obrigações aos seus titulares, os cotistas[62]. A propriedade da cota é comprovada pela inscrição do nome do titular no registro de cotistas do fundo.

---

[58] Os fundos classificados como "Renda Fixa", devem ter como principal fator de risco de sua carteira a variação da taxa de juros, de índice de preços, ou ambos.

[59] Os fundos classificados como "Ações" devem ter como principal fator de risco a variação de preços de ações admitidas à negociação no mercado organizado.

[60] Os fundos classificados como "Multimercado" devem possuir políticas de investimento que envolvam vários fatores de risco, sem o compromisso de concentração em nenhum fator em especial ou em fatores diferentes das demais classes.

[61] Os fundos classificados como "Cambiais" devem ter como principal fator de risco de carteira a variação de preços de moeda estrangeira ou a variação do cupom cambial.

[62] O regulamento dos Fundos de Investimento em Participações podem admitir a existência de uma ou mais classes de cotas, atribuindo-lhes (a) direitos econômico-financeiros dis-

Pelo fato de o fundo consistir em comunhão de recursos de natureza condominial, portanto, sem personalidade jurídica, os cotistas são responsáveis por eventual patrimônio líquido negativo do fundo[63]. Verificando-se essa situação, o administrador deverá convocar os cotistas a realizar aportes adicionais no fundo, a fim de suprir o desfalque patrimonial. Essa é uma das características mais relevantes para o presente trabalho e será retomada de forma mais detalhada adiante.

Para fins de fixação do valor de emissão da cota, deve ser utilizado o valor da cota do dia ou do dia seguinte ao da data da aplicação, conforme disposto no regulamento. O valor da cota é calculado pela operação aritmética de divisão do valor do patrimônio líquido pelo número de cotas fundo. Nos fundos abertos, a emissão de cotas é livremente realizada durante o prazo de funcionamento do fundo. Já nos fundos fechados, a emissão de novas cotas depende de deliberação da assembleia geral de cotistas.

É incumbência do administrador calcular e divulgar diariamente o valor da cota e do patrimônio líquido do fundo aberto, ressalvados os fundos que não ofereçam liquidez diária a seus cotistas, que deverão ter o valor da cota divulgado em periodicidade compatível com a liquidez do fundo, nos termos de seu regulamento.

De acordo com a Instrução CVM nº 438/2006, que aprova o plano contábil dos fundos de investimento, os ativos de renda variável integrantes da carteira do fundo de investimento devem ser registrados pelo valor efetivamente pago, inclusive corretagens e emolumentos e ajustados, diariamente, pelo valor de mercado. Tal prática é conhecida como "marcação a mercado".

---

tintos, nos termos do artigo 19, § 2º, da ICVM 578 e (b) direitos políticos especiais para as matérias que especificar, conforme estabelecido no artigo 29, *caput* e § 1º, da ICVM 578. No caso dos Fundos de Investimento em Direitos Creditórios, a Instrução CVM nº 356/2001 contempla a possibilidade de existência de cotas sêniores e subordinadas, podendo estas últimas ser de classes distintas, hipótese em que o regulamento deverá dispor sobre o exercício do direito de voto na assembleia geral em relação a cada classe de cotas.

[63] Nos termos do artigo 15 da Instrução CVM nº 555/2014.

1.3.4. Resgate e amortização

O resgate consiste no pagamento, ao cotista, do montante correspondente ao valor de suas cotas, com a consequente extinção de tais cotas. Trata-se de direito potestativo do cotista, com a consequente obrigação do administrador do fundo de efetuar o resgate, observadas as disposições consignadas no regulamento.

Conforme já mencionado anteriormente, o resgate de cotas só é possível nos fundos abertos e deve observar as seguintes regras:

(i) o regulamento deve estabelecer os prazos entre a data do pedido de resgate, a data de conversão de cotas e a data do pagamento do resgate;

(ii) a conversão de cotas deve se dar pelo valor da cota do dia na data de conversão, ressalvada a possibilidade de os fundos classificados como "Renda Fixa" ou "Previdenciários" utilizarem, para fins de cálculo do valor da cota, o patrimônio líquido do dia anterior, atualizado por um dia;

(iii) o pagamento do resgate deve ser efetuado em cheque, crédito em conta corrente ou ordem de pagamento, no prazo estabelecido no regulamento, que não pode ser superior a 5 (cinco) dias úteis, contado da data da conversão de cotas, podendo essa regra ser flexibilizada nos fundos exclusivos e naqueles destinados a investidores institucionais;

(iv) o regulamento pode estabelecer prazo de carência para resgate, com ou sem rendimento; e

(v) salvo na hipótese de declaração do fechamento do fundo para resgates, é devida ao cotista uma multa de 0,5% (meio por cento) do valor de resgate, a ser paga pelo administrador do fundo, por dia de atraso no pagamento do resgate de cotas.

Na hipótese de fechamento dos mercados ou em casos excepcionais de iliquidez dos ativos financeiros componentes da carteira do fundo, inclusive em decorrência de pedidos de resgates incompatíveis com a liquidez existente, ou que possam implicar alteração do tratamento tributário do fundo ou do conjunto dos cotistas, o administrador pode declarar o fechamento do fundo para a realização de resgates, divulgando imediatamente fato relevante nesse sentido.

Caso o fundo permaneça fechado por período superior a 5 dias consecutivos, o administrador deverá convocar assembleia geral extraordinária para deliberar sobre: (a) substituição do administrador, do gestor ou de ambos; (b) reabertura ou manutenção do fechamento do fundo para resgate; (c) possibilidade do pagamento de resgate em ativos financeiros; (d) cisão do fundo; e (e) liquidação do fundo.

A amortização, por sua vez, pode ser realizada tanto nos fundos abertos quanto nos fechados e consiste no pagamento uniforme realizado pelo fundo, a todos os seus cotistas, de parcela do valor de suas cotas, sem redução do número de cotas emitidas, efetuado em conformidade com o disposto no regulamento ou com deliberação da assembleia geral de cotistas.

1.3.5. Assembleia geral de cotistas

A assembleia geral de cotistas é o órgão soberano de deliberação dos fundos de investimento, com competência para deliberar sobre:

(i)   as demonstrações contábeis apresentadas pelo administrador;

(ii)   a substituição do administrador, gestor ou custodiante do fundo;

(iii)   a fusão, a incorporação, a cisão, a transformação ou a liquidação do fundo;

(iv)   o aumento da taxa de administração, da taxa de performance ou das taxas máximas de custódia;

(v)   a alteração da política de investimento do fundo;

(vi)   a emissão de novas cotas, no fundo fechado;

(vii) a amortização e o resgate compulsório de cotas, caso não estejam previstos no regulamento; e

(viii) a alteração do regulamento[64].

---

[64] Nos termos do art. 47 da Instrução CVM nº 555/2014, o regulamento pode ser alterado, independentemente da assembleia geral, sempre que tal alteração (i) decorrer exclusivamente da necessidade de atendimento a exigências expressas da CVM ou de adequação a normas legais ou regulamentares; (ii) for necessária em virtude da atualização dos dados cadastrais do administrador ou dos prestadores de serviços do fundo, tais como alteração na razão social, endereço, página na rede mundial de computadores e telefone; e (iii) envolver redução da taxa de administração ou da taxa de performance.

A assembleia deve ser convocada com, no mínimo, 10 dias de antecedência da data de sua realização, devendo o aviso de convocação indicar o *website* no qual o cotista poderá acessar os documentos pertinentes às propostas constantes da ordem do dia.

Caso expressamente previsto no regulamento, as convocações poderão ser realizadas por meio de divulgação do respectivo edital aos cotistas em canal eletrônico ou por meio da rede mundial de computadores. Não havendo tal previsão, a assembleia deverá ser convocada mediante a publicação de edital em jornal de grande circulação utilizado habitualmente pelo fundo.

Em até 120 dias após o encerramento do exercício deverá ser realizada a assembleia geral ordinária, para deliberar sobre as demonstrações contábeis do fundo. As assembleias gerais extraordinárias poderão ser convocadas pelo administrador, pelo gestor, pelo custodiante ou por cotistas titulares de, pelo menos, 5% do total de cotas emitidas, para deliberar sobre qualquer matéria do interesse dos cotistas.

A assembleia geral se instalará com a presença de qualquer número de cotistas e as deliberações serão tomadas por maioria de votos, cabendo a cada cota 1 voto. O regulamento, contudo, pode estabelecer quórum qualificado para as deliberações, observado, no que diz respeito à destituição do administrador de fundo aberto, que o quórum qualificado não poderá ultrapassar metade mais uma das cotas emitidas.

Tal limitação consiste em medida de proteção aos cotistas, impedindo que determinado prestador de serviço entrincheire-se na posição de administrador do fundo em função de disposição constante do regulamento (quórum qualificado elevado) que torne extremamente difícil sua destituição por parte dos cotistas.

Caso previsto no regulamento, as deliberações poderão ser tomadas mediante processo de consulta formal aos cotistas, hipótese na qual os cotistas deverão contar com prazo de pelo menos 10 dias para manifestação. O regulamento também pode disciplinar a realização da assembleia por meio eletrônico, desde que garanta a participação dos cotistas e a autenticidade e segurança na transmissão de informações, devendo os votos ser proferidos por meio de assinatura eletrônica legalmente reconhecida.

Pode-se cogitar, portanto, de participação dos cotistas por meio de áudio ou videoconferência no que diz respeito aos debates da assembleia e proferimento de voto por meio de manifestação assinada eletronicamente[65] e transmitida via correio eletrônico ao administrador do fundo.

Existe, ainda, a possibilidade de os cotistas votarem por meio de comunicação escrita ou eletrônica, desde que recebida pelo administrador antes do início da assembleia e respeitadas as regras constantes do regulamento a esse respeito.

Visando resguardar conflitos de interesse, a Instrução CVM nº 555/2014, em seu artigo 76, veda o exercício do voto ao administrador, ao gestor, aos sócios, diretores e funcionários do administrador ou do gestor, empresas ligadas ao administrador ou ao gestor, seus sócios, diretores, funcionários e aos prestadores de serviços do fundo, seus sócios, diretores e funcionários, salvo se, no momento de seu ingresso no fundo, tais pessoas forem os únicos cotistas ou se houver concordância expressa da maioria dos demais cotistas presentes à assembleia.

O resumo das decisões da assembleia geral deve ser disponibilizado aos cotistas no prazo máximo de 30 dias após a realização da assembleia, podendo ser utilizado, para tal finalidade, o extrato de conta que deve ser enviado mensalmente aos cotistas.

1.3.6. Administrador e gestor

O administrador, pessoa jurídica autorizada pela CVM para realização da atividade de administração de carteira de valores mobiliários[66], além de responsável pela constituição do fundo, exerce todas as atividades neces-

---

[65] Nos termos do artigo 1º da Medida Provisória nº 2.200-2, de 24 de agosto de 2001, foi "instituída a Infra-Estrutura de Chaves Públicas Brasileira – ICP-Brasil, para garantir a autenticidade, a integridade e a validade jurídica de documentos em forma eletrônica, das aplicações de suporte e das aplicações habilitadas que utilizem certificados digitais, bem como a realização de transações eletrônicas seguras".

[66] A atividade de gestão de carteira de valores mobiliários consiste na gestão profissional de recursos ou valores mobiliários, sujeitos à fiscalização da CVM, entregues ao administrador, com autorização para que este compre ou venda títulos e valores mobiliários por conta do investidor, e encontra-se atualmente regulada pela Instrução CVM nº 558/2015, que revogou a antiga Instrução CVM nº 306/1999. Por se tratar de atividade regulada, a administração de carteira de valores mobiliários somente pode ser exercida por pessoa natural ou jurídica autorizada pela CVM. No caso de exercício da atividade por pessoa jurídica, esta deve indicar um administrador (pessoa natural) responsável pela administração de carteira de valores mobiliários.

sárias para o seu regular funcionamento e manutenção. O administrador pode prestar diretamente tais serviços ou contratar terceiros para essa finalidade, em nome do fundo.

Nessa linha, o administrador pode contratar, em nome do fundo, com terceiros devidamente habilitados e autorizados, apenas os seguintes serviços:

(i)   gestão da carteira do fundo;
(ii)   consultoria de investimentos;
(iii)   atividades de tesouraria, de controle e processamento dos ativos financeiros;
(iv)   distribuição de cotas;
(v)   escrituração da emissão e resgate de cotas;
(vi)   custódia de ativos financeiros;
(vii)   classificação de risco por agência de classificação de risco de crédito; e
(viii) formador de mercado.

O administrador remunera-se por meio da taxa de administração e, quando há disposição no regulamento nesse sentido, pela taxa de performance e é responsável pelo pagamento dos prestadores de serviço que contratar, com exceção daqueles que podem ser considerados como encargos do fundo, conforme se tratará mais adiante.

A gestão da carteira do fundo, por sua vez, é a gestão profissional dos ativos financeiros integrantes da carteira do fundo, desempenhado por pessoa credenciada como administradora de carteira de valores mobiliários na categoria "gestor de recursos" perante a CVM, que terá poderes para negociar e contratar, em nome do fundo, os ativos e os intermediários para realizar operações em nome do fundo, bem como exercer o direito de voto decorrente dos ativos financeiros detidos pelo fundo, realizando todas as demais ações necessárias para tal exercício, observado o disposto na política de voto do fundo.

É a atividade de gestão que consiste no grande diferencial do fundo, pois é por meio da estratégia de investimento empregada pelo gestor que o fundo obtém valorização do seu patrimônio. Assim, na prática, a maioria dos fundos de investimentos conta com gestor diverso do administrador.

Nos termos da Instrução CVM nº 543/2013, a prestação dos serviços de escrituração de valores mobiliários – que é o caso das cotas de fundo de investimento – deve ser prestado por pessoas jurídicas autorizadas pela Comissão de Valores Mobiliários, ressaltando-se que, de acordo com o artigo 3º da referida instrução, apenas as instituições financeiras podem requerer autorização da CVM para a prestação de tais serviços.

O parágrafo quinto do artigo 79 da Instrução CVM nº 555/2014 ressalva que os fundos administrados por instituições financeiras não precisam contratar os serviços de tesouraria, controle e processamento de ativos financeiros, bem como os de escrituração da emissão e resgate de cotas quanto esses serviços forem executados pelos seus administradores, que nesses casos são considerados autorizados para a prestação dos serviços.

A distribuição de cotas, por sua vez, deve ser realizada por instituições habilitadas a atuar como integrantes do sistema de distribuição[67], nele compreendidas as instituições financeiras e demais sociedades que tenham por objeto distribuir emissão de valores mobiliários e as sociedades e os agentes autônomos que exerçam atividades de mediação na negociação de valores mobiliários, em bolsas de valores ou no mercado de balcão[68].

1.3.7. Custódia

O custodiante é o responsável pela guarda dos ativos do fundo e responde pelos dados e envio de informações dos fundos para os gestores e administradores, bem como executa as ordens do administrador e/ou gestor e liquida as operações financeiras.

A custódia consiste, portanto, na guarda de títulos e valores mobiliários, de forma que o investidor não precisa ter a posse direta dos ativos, porquanto o custodiante garante que tais ativos existem e estão registrados no nome de seu titular.

Nessa linha, os ativos dos fundos devem ser custodiados e registrados em contas de depósito específicas. Caso o administrador do fundo não seja habilitado para a prestação do serviço de custódia, deverá contratar uma instituição credenciada perante a CVM para o exercício dessa atividade.

---

[67] Nos termos do artigo 17 da Instrução CVM nº 555/2014 e artigo 3º, § 2º, da Instrução CVM nº 400/2003.
[68] Conforme dispõe o artigo 15 da Lei nº 6.385/1976.

Os contratos de custódia devem, além de observar o que dispõe a regulamentação específica que trata de custódia de valores mobiliários[69], conter cláusula que (i) estipule que somente as ordens emitidas pelo administrador, pelo gestor ou por seus representantes legais ou mandatários, devidamente autorizados, podem ser acatadas pela instituição custodiante; e (ii) vede ao custodiante a execução de ordens que não estejam diretamente vinculadas às operações do fundo.

Na medida em que o contrato deve vedar ao custodiante a execução de ordens alheias às atividades do fundo, o custodiante acaba exercendo, também, uma função de fiscalização das atividades do administrador, evitando, assim, a realização de operações estranhas ao objetivo do fundo.

1.3.8. Encargos

Para o seu regular funcionamento, os fundos de investimento realizam despesas que lhes podem ser debitadas diretamente. Tais despesas, que se encontram exaustivamente enumeradas no artigo 132 da Instrução CVM nº 555/2014, são as seguintes:

(i) taxas, impostos ou contribuições federais, estaduais, municipais ou autárquicas, que recaiam ou venham a recair sobre os bens, direitos e obrigações do fundo;

(ii) despesas com o registro de documentos em cartório, impressão, expedição e publicação de relatórios e informações periódicas previstas nesta Instrução;

(iii) despesas com correspondências de interesse do fundo, inclusive comunicações aos cotistas;

(iv) honorários e despesas do auditor independente;

(v) emolumentos e comissões pagas por operações do fundo;

(vi) honorários de advogado, custas e despesas processuais correlatas, incorridas em razão de defesa dos interesses do fundo, em juízo ou fora dele, inclusive o valor da condenação imputada ao fundo, se for o caso;

---

[69] Sobre esse particular, v. BRASIL. Comissão de Valores Mobiliários. Instrução nº 542, de 20 de dezembro de 2013. Dispõe sobre a prestação de serviços de custódia de valores mobiliários. Disponível em: <http://www.cvm.gov.br>. Acesso em: 20 dez. 2016.

A RESPONSABILIDADE DO COTISTA DE FUNDO DE INVESTIMENTO EM PARTICIPAÇÕES

(vii) parcela de prejuízos não coberta por apólices de seguro e não decorrente diretamente de culpa ou dolo dos prestadores dos serviços de administração no exercício de suas respectivas funções;

(viii) despesas relacionadas, direta ou indiretamente, ao exercício de direito de voto decorrente de ativos financeiros do fundo;

(ix) despesas com liquidação, registro, e custódia de operações com títulos e valores mobiliários, ativos financeiros e modalidades operacionais;

(x) despesas com fechamento de câmbio, vinculadas às suas operações ou com certificados ou recibos de depósito de valores mobiliários;

(xi) no caso de fundo fechado, a contribuição anual devida às bolsas de valores ou às entidades do mercado organizado em que o fundo tenha suas cotas admitidas à negociação;

(xii) as taxas de administração e de performance;

(xiii) os montantes devidos a fundos investidores na hipótese de acordo de remuneração com base na taxa de administração e/ ou performance; e

(xiv) honorários e despesas relacionadas à atividade de formador de mercado.

Quaisquer despesas não previstas no rol do artigo 132 da Instrução CVM nº 555/2014 não poderão ser consideradas encargos do fundo e correrão por conta do administrador, devendo ser por ele contratadas.

1.4. Os fundos de investimento em participações – FIP

Os fundos de investimento em participações consistem em mecanismo de investimento coletivo destinado a aplicar recursos em negócios da economia real, por meio da aquisição de valores mobiliários emitidos por companhias, abertas ou fechadas, além de títulos representativos de participação em sociedades limitadas[70].

---

[70] No período compreendido entre os dias 18.08.2003 e 30.08.2016, vigorou a Instrução CVM nº 391/2003, que permitia a aquisição, por parte dos FIPs, de "de ações, debêntures, bônus de subscrição, ou outros títulos e valores mobiliários conversíveis ou permutáveis em ações de emissão de companhias, abertas ou fechadas [...]". Após a publicação da

Trata-se de investimento de alto risco, considerando-se que a perspectiva de retorno do investimento é de médio a longo prazo, e somente ocorre nas hipóteses em que a sociedade investida apresenta bom desempenho, rentabilidade e possibilita a venda dos valores mobiliários adquiridos pelo FIP com lucro.

Nas linhas que se seguem serão apresentadas as características gerais do FIP, aspectos de sua administração, incluindo-se os deveres do administrador, e os encargos do fundo.

1.4.1. Características gerais do FIP

O fundo de investimento em participações integra o rol dos fundos com regulação própria, sendo atualmente regido pela Instrução CVM nº 578/2016[71] e, subsidiariamente, pela já mencionada Instrução CVM nº 555/2014[72].

Nos termos da Instrução CVM nº 578/2016, o FIP é uma comunhão de recursos destinada à aquisição de ações, bônus de subscrição, debêntures simples, outros títulos e valores mobiliários conversíveis ou permutáveis em ações de emissão de companhias, abertas ou fechadas, bem como títulos e valores mobiliários representativos de participação em sociedades limitadas[73].

Instrução CVM nº 578/2016, que revogou a anterior, passou-se a admitir, além aquisição de valores mobiliários emitidos por sociedades anônimas, também a de "títulos e valores mobiliários representativos de participação em sociedades limitadas [...]".

[71] BRASIL. Comissão de Valores Mobiliários. Instrução nº 578 de 30 de agosto de 2016. Dispõe sobre a constituição, o funcionamento e a administração dos Fundos de Investimento em Participações. Disponível em: <http://www.cvm.gov.br>. Acesso em: 28 nov. 2016.

[72] Vale destacar que, no ambiente da autorregulação, a Associação Brasileira das Entidades dos Mercados Financeiro e de Capitais – ANBIMA e a Associação Brasileira de Venture Capital e Private Equity editaram o Código ABVCAP / ANBIMA de Regulação e Melhores Práticas para o Mercado de FIP e FIEE, cuja adesão é obrigatória a todos os associados das referidas entidades que desempenhem atividade de administração, gestão ou distribuição de cotas de fundos de investimento em participações e fundos de investimento em empresas emergentes. Disponível em: <http://www.anbima.com.br/data/files/9F/61/C0/D2/2CC575106582A275862C16A8/C_digo_20ANBIMA_20ABVCAP_1_.pdf>. Acesso em 28 dez. 2016.

[73] De acordo com o disposto no artigo 11 da Instrução CVM nº 578/2016, o fundo deve manter, no mínimo, 90% do seu patrimônio investido nos referidos ativos.

Popularmente conhecidos como fundos de *private equity*[74], os fundos de investimento em participações adquirem tais valores mobiliários visando a sua valorização e posterior alienação com lucro. A alienação de participação, pelo FIP, pode ocorrer de forma privada, para qualquer particular ou em bolsa de valores, no âmbito de oferta pública secundária de ações.

A respeito da dinâmica dos investimentos realizados por um FIP, bem como da distinção entre os conceitos de *private equity* e *venture capital*, Diogo Bernardino registrou que:

> Uma das características principais é a possibilidade do fundo investir em empreendimentos que se encontram em diferentes estágios.
>
> Na maioria das vezes, os recursos são aplicados em negócios bem incipientes, em empreendimentos sequer criados ou ainda em fase de concepção. Noutros casos, existe um projeto definido sobre o novo produto, mas que ainda carece de muita pesquisa para aperfeiçoá-lo e torná-lo viável economicamente.
>
> Todavia, o fato dos investimentos, muitas vezes, serem destinados a empresas iniciantes, não significa dizer que tais fundos não invistam em empresas maduras ou que estejam em expansão.
>
> Na realidade, os investimentos dos fundos de Private Equity e Venture Capital podem acontecer em negócios diversos estágios. Além dos empreendimentos em desenvolvimento, também podem receber aportes financeiros empresas consolidadas, em fase de expansão e mesmo aquelas que enfrentem dificuldades financeiras (por exemplo, as que estejam em recuperação judicial ou extrajudicial).

---

[74] A respeito do conceito de *private equity*, a Agência Brasileira de Desenvolvimento Industrial – ABDI, em obra sobre o tema, registrou que *"Private Equity* se refere, em sua definição estrita, a investimentos em participações acionárias de empresas [sic] de capital fechado. *Venture Capital* é um tipo de *Private Equity*, sendo que o que diferencia um do outro é o estágio em que a empresa se encontra no seu ciclo de vida. Trata-se de uma empresa estruturada e madura, o investimento é de *Private Equity* – sendo que, nesta operação, quando há aquisição de controle acionário, a denominamos *Buyout*; se a empresa está no início de seu ciclo, *Venture Capital"*. (Agência Brasileira de Desenvolvimento Industrial – ABDI. *Introdução ao Private Equity e Venture Capital para Empreendedores*. Brasília: Agência Brasileira de Desenvolvimento Industrial, 2011, p. 42).

Neste ponto, destacamos que embora ao longo do artigo as expressões Private Equity e Venture Capital tenham sido tratadas como sinônimas, em sentido estrito os termos costumam ser diferenciados quanto à etapa do empreendimento que recebe o investimento do fundo.

A expressão Venture Capital é reservada para os investimentos realizados em empreendimentos em estágios iniciais, ainda não constituídos ou recentemente fundados. Nestes casos, o montante recebido pelo empreendedor é utilizado para a pesquisa e para o desenvolvimento da ideia original, a par de que o negócio possa ser viabilizado perante o mercado.

A designação Private Equity, por sua vez, está associada a investimentos em empresas existentes, normalmente já consolidadas no mercado e que desejam expandir os negócios por meio dos recursos oferecidos pelo fundo. [...][75].

Os investimentos realizados pelo FIP são considerados de alto risco em razão do longo prazo do investimento, a baixa liquidez dos ativos (geralmente, ações de companhias fechadas) e o nível de governança corporativa das sociedades investidas ser inferior ao de companhias abertas.

Os fundos de investimento em participações devem participar do processo decisório das sociedades investidas, com efetiva influência na definição de sua política estratégica e na sua gestão.

A participação do fundo no processo decisório das sociedades investidas poderá ocorrer em razão da titularidade, pelo fundo, de ações (ou cotas) que integrem o bloco de controle da companhia (ou sociedade limitada, conforme o caso) ou por meio da celebração de acordo de acionistas (ou de cotistas) ou negócio jurídico que assegure ao fundo o exercício de influência significativa na gestão das sociedades investidas.

Somente será dispensada a participação do FIP no processo decisório da sociedade investida quando: (i) o investimento do FIP na sociedade for reduzido a menos da metade do percentual originalmente investido e passe a representar parcela inferior a 15% do capital social; ou (ii) o valor contábil do investimento tenha sido reduzido a zero e haja deliberação dos cotistas reunidos em assembleia geral nesse sentido.

---

[75] BERNARDINO, Diogo. Fundos de venture capital e private equity – breve análise sobre sua evolução, características e importância. *Revista de Direito Bancário e do Mercado de Capitais*, São Paulo, v. 61, p. 54, jul. 2013.

Assim, a meta de muitos gestores de FIP é realizar a aquisição de participação em companhia em desenvolvimento, com grande potencial de crescimento e, agregando sua experiência e *expertise* em administração de empresas, melhorar os índices de eficiência e rentabilidade de tal entidade, bem como o volume de suas operações, de forma a maturar o negócio e fazer com que a sociedade atinja um tamanho adequado para acessar o mercado de capitais e promover a oferta pública inicial de suas ações (IPO). Nessa oportunidade, além de oferta pública primária promovida pela companhia, o FIP e outros investidores institucionais podem realizar oferta secundária para a venda de suas ações[76].

Por essa razão, os FIPs devem possuir prazo de duração determinado, nele compreendido o (i) o período de investimento, no qual o administrador/gestor do fundo busca oportunidades de investimento para alocar o patrimônio do fundo, de acordo com a política de investimentos constante do respectivo regulamento e (ii) o período de desinvestimento, no qual o administrador/gestor deve diligenciar para que seja realizada a alienação dos valores mobiliários adquiridos pelo FIP no período de investimento, a fim de monetizar os investimentos realizados para possibilitar a amortização integral e/ou resgate de suas cotas e consequente liquidação do fundo, tudo conforme os termos e condições dispostos no regulamento do fundo.

Considerando que aos FIPs é permitido realizar investimentos em companhias fechadas e que, geralmente, o regime informacional e de

---

[76] Para o entendimento da diferença entre uma oferta primária e uma oferta secundária, recorra-se ao manual "Conceitos fundamentais", elaborado pela BM&FBovespa Bolsa de Valores Mercadorias e Futuros: "o Mercado Primário compreende o lançamento de novas ações no mercado, com aporte de recursos à companhia. Uma vez ocorrendo o lançamento inicial ao mercado, as ações passam a ser negociadas no Mercado Secundário, que compreende as bolsas de valores e os mercados de balcão (mercados onde são negociadas ações e outros ativos, geralmente de empresas de menor porte e não sujeitas aos procedimentos especiais de negociação). Operações como a colocação inicial, junto ao público, de grande lote de ações detido por um acionista podem caracterizar operações de abertura de capital, exigindo registro na CVM. Apesar da semelhança com o mercado primário, os recursos captados vão para o acionista vendedor (e não para a companhia), determinando, portanto, uma distribuição no Mercado Secundário" (BM&FBovespa Bolsa de Valores Mercadorias e Futuros. *Conceitos fundamentais*. São Paulo, BM&FBovespa. Disponível em: <http://www.bmfbovespa.com.br/Pdf/ConceitosFundamentais.pdf>. Acesso em 28 nov. 2016).

governança corporativa de tais companhias é inferior ao regime das companhias abertas, a regulação buscou estabelecer requisitos mínimos para que uma companhia fechada possa receber investimento por parte de um fundo de investimento em participações.

Nessa linha, as companhias fechadas objeto de investimentos por parte de um FIP devem preencher os seguintes requisitos de governança corporativa estabelecidos na Instrução CVM nº 578/2016:

(a) proibição de emissão de partes beneficiárias e inexistência desses títulos em circulação;

(b) estabelecimento de um mandato unificado de até 2 (dois) anos para todo o Conselho de Administração, quando existente;

(c) disponibilização para os acionistas de contratos com partes relacionadas, acordos de acionistas e programas de opções de aquisição de ações ou de outros títulos ou valores mobiliários de emissão da companhia;

(d) adesão à câmara de arbitragem para resolução de conflitos societários;

(e) no caso de obtenção de registro de companhia aberta categoria A, obrigar-se, perante o fundo, a aderir a segmento especial de bolsa de valores ou de entidade administradora de mercado de balcão organizado que assegure, no mínimo, práticas diferenciadas de governança corporativa acima referidas; e

(f) auditoria anual de suas demonstrações contábeis por auditores independentes registrados na CVM.

Para se tornar cotista de FIP, deve-se realizar a subscrição de cotas e celebrar instrumento mediante o qual o investidor fique obrigado, sob as penas expressamente nele previstas, a integralizar o valor do capital comprometido à medida que o administrador do fundo fizer chamadas, de acordo com prazos, processos decisórios e demais procedimentos estabelecidos.

Nessa esteira, o cotista pode vir a ser demandado a realizar novos aportes no FIP, inclusive para o pagamento de despesas extraordinárias, despesas de manutenção do fundo ou até mesmo para cobrir eventual patrimônio líquido negativo. Esse aspecto é de alta importância para o presente trabalho e será tratado de forma específica mais adiante.

A RESPONSABILIDADE DO COTISTA DE FUNDO DE INVESTIMENTO EM PARTICIPAÇÕES

As cotas dos fundos de investimento em participações somente podem ser adquiridas ou subscritas por investidores qualificados[77]. O fundo deve necessariamente ser constituído sob a forma de condomínio fechado e suas cotas somente poderão ser resgatadas quando da liquidação do fundo.

Não obstante, o cotista possui a opção de alienar suas cotas privadamente, observadas eventuais restrições à circulação de cotas dispostas no regulamento do fundo. Existe, também, a possibilidade de as cotas do FIP serem negociadas em mercados secundários regulamentados quando (i) distribuídas publicamente por meio de oferta registrada na CVM; (ii) distribuídas com esforços restritos, observadas as restrições da norma específica[78]; ou (iii) as cotas já estejam admitidas à negociação em mercados regulamentados. Ainda que não se enquadrem em tais requi-

---

[77] Atualmente, o conceito de "investidor qualificado" está definido no art. 9º-B da Instrução CVM nº 539/2013, que assim dispõe: "Art. 9º-B São considerados investidores qualificados: I – investidores profissionais; II – pessoas naturais ou jurídicas que possuam investimentos financeiros em valor superior a R$1.000.000,00 (um milhão de reais) e que, adicionalmente, atestem por escrito sua condição de investidor qualificado mediante termo próprio, de acordo com o Anexo 9-B; III – as pessoas naturais que tenham sido aprovadas em exames de qualificação técnica ou possuam certificações aprovadas pela CVM como requisitos para o registro de agentes autônomos de investimento, administradores de carteira, analistas e consultores de valores mobiliários, em relação a seus recursos próprios; e IV – clubes de investimento, desde que tenham a carteira gerida por um ou mais cotistas, que sejam investidores qualificados". Por sua vez, o art. 9º-A da mesma Instrução assim define o "investidor profissional": "Art. 9º-A São considerados investidores profissionais: I – instituições financeiras e demais instituições autorizadas a funcionar pelo Banco Central do Brasil; II – companhias seguradoras e sociedades de capitalização; III – entidades abertas e fechadas de previdência complementar; IV – pessoas naturais ou jurídicas que possuam investimentos financeiros em valor superior a R$10.000.000,00 (dez milhões de reais) e que, adicionalmente, atestem por escrito sua condição de investidor profissional mediante termo próprio, de acordo com o Anexo 9-A; V – fundos de investimento; VI – clubes de investimento, desde que tenham a carteira gerida por administrador de carteira de valores mobiliários autorizado pela CVM; VII – agentes autônomos de investimento, administradores de carteira, analistas e consultores de valores mobiliários autorizados pela CVM, em relação a seus recursos próprios; VIII – investidores não residentes".

[78] Sobre esse particular, vide BRASIL. COMISSÃO DE VALORES MOBILIÁRIOS. Instrução nº 476, de 16 de janeiro de 2009. Dispõe sobre as ofertas públicas de valores mobiliários distribuídas com esforços restritos e a negociação desses valores mobiliários nos mercados regulamentados. Disponível em: <http://www.cvm.gov.br>. Acesso em: 20 dez. 2016.

sitos, as cotas do FIP podem ser admitidas à negociação em mercado regulamentado desde que sejam previamente submetidas a registro de negociação, nos termos da legislação aplicável[79].

Caso o fundo decida aplicar recursos em sociedades envolvidas em processo de recuperação ou reestruturação, as cotas do FIP poderão ser integralizadas em bens ou direitos, inclusive créditos, desde que estejam vinculados ao processo de recuperação da sociedade investida e que os respectivos valores sejam respaldados por laudo de avaliação elaborado por empresa especializada.

Essa característica possibilita, por exemplo, a utilização do fundo de investimento em participações como meio de recuperação judicial, seja para fins de conversão de créditos detidos pelos credores em participação na sociedade em recuperação, seja para fins de recebimento de ativos como forma de pagamento a um grupo de credores e, assim, facilitar sua liquidez. Sobre esse particular, vale mencionar as reflexões de Ivo Waisberg e Stefan Lourenço de Lima:

> A título exemplificativo, em uma recuperação judicial poderia haver a estruturação de diversos FIPs para a reorganização da sociedade recuperanda, estabelecendo-se um FIP-Controle detentor das ações do acionista controlador ou bloco de controle e FIPs por classe diferenciada de credores: trabalhistas, com garantia e quirografários. Poder-se-ia cogitar a constituição de outro FIP no qual os fornecedores poderiam realizar a transferência de bens ou serviços para a sua formação, sendo permitida a migração das participações dos quotistas de um fundo para o outro.
>
> [...]
>
> Do ponto de vista de facilitador de liquidez, um FIP poderia ser usado como parte de uma sociedade de credores prevista na Lei de Falências e Recuperações de Empresas. Isto é, ao invés de uma simples sociedade diretamente controlada pelos credores, o que demandaria uma negociação sobre governança corporativa complexa, a Sociedade de Propósito Específico

---

[79] Sobre esse particular, vide BRASIL. Comissão de Valores Mobiliários. Instrução nº 400, de 29 de dezembro de 2003. Dispõe sobre as ofertas públicas de distribuição de valores mobiliários, nos mercados primário ou secundário, e revoga a Instrução CVM nº 13, de 30 de setembro de 1980, e a Instrução CVM nº 88, de 3 de novembro de 1988. Disponível em: <http://www.cvm.gov.br>. Acesso em: 20 dez. 2016.

(SPE) que receberia ativos da empresa em recuperação poderia ser controlada por um FIP, sendo as quotas repassadas aos credores. Entendemos que, dependendo do caso, esta estruturação poderia dotar de maior liquidez essa opção, tornando-a mais atrativa aos credores, facilitando, ainda, a proteção dos quotistas pela natureza regulatória deste veículo[80].

O FIP não poderá realizar operações com instrumentos financeiros derivativos[81], salvo nas hipóteses em que tais operações (i) forem realizadas exclusivamente para fins de proteção patrimonial; ou (ii) envolverem opções de compra ou venda de ações das companhias que integram a carteira do fundo com o propósito de ajustar o preço de aquisição da companhia com o consequente aumento ou diminuição futuros na quantidade de ações investidas ou alienar essas ações no futuro como parte da estratégia de desinvestimento.

Da mesma forma, é vedada a prestação de fiança, aval, aceite ou coobrigação sob qualquer forma pelo FIP, salvo mediante aprovação da maioria qualificada dos cotistas[82] em assembleia geral, desde que o regulamento do fundo contemple essa possibilidade.

---

[80] WAISBERG, Ivo; LIMA, Stefan Lourenço de. Fundos de investimento e sua utilização em recuperação judicial – aspectos relevantes. *Revista de Direito Bancário e do Mercado de Capitais*, São Paulo, v. 16, n. 60, p. 205–221, abr./jun. 2013. Sobre o tema, vale mencionar, também, MORAES, Luiza Rangel. O papel dos fundos de investimento na recuperação judicial de empresas. *Revista de Direito Bancário e do Mercado de Capitais*, São Paulo, v. 10, n. 37, p. 15–29, jul./set. 2007.

[81] De acordo com Octavio Bessada, Claudio Barbedo e Gustavo Araújo, "derivativos são ativos cujos valores dependem dos valores de outras variáveis mais básicas. Por exemplo, o valor de uma opção de ação depende do preço da ação em questão. Desta forma, são instrumentos financeiros que têm o seu valor determinado pelo valor de outro ativo e isso explica por que servem tão bem para limitar o risco de flutuações inesperadas de preço do ativo em questão. Nos dias de hoje, as transações com derivativos cobrem uma vasta gama de ativos objetos: taxas de juros, câmbio, valor de mercadorias e outros índices". Registram os referidos autores, ainda, que "segundo o Global Derivatives Study Group do G30 em seu trabalho *Derivatives: 10 practices and principles*, derivativo é, em termos gerais, um contrato bilateral ou acordo de troca de pagamentos cujo valor deriva, como seu nome indica, de um ativo-objeto" (BESSADA, Octavio; BARBEDO, Claudio; ARAÚJO, Gustavo. *Mercado de derivativos no Brasil*. Conceitos, operações e estratégias. Rio de Janeiro: Record, 2009, p. 20).

[82] Conforme estabelecida no regulamento do fundo, observado disposto no artigo 29, § 3º, da Instrução CVM nº 578/2016, que estabelece que a maioria qualificada para a

OS FUNDOS DE INVESTIMENTO NO ORDENAMNTO JURÍDICO BRASILEIRO

Esclareça-se que a previsão legal da possibilidade de outorga de garantias por fundo de investimento em participações é relativamente recente e decorreu de alterações na Instrução CVM nº 391/2003 promovidas pela Instrução CVM nº 535/2013, editada em junho de 2013[83]. Anteriormente às referidas alterações, a redação original do artigo 35, III, da Instrução CVM nº 391/2003 vedava expressamente que o administrador prestasse qualquer tipo de garantia em nome do fundo.

No entanto, no âmbito das operações de financiamento das companhias investidas pelos FIPs muitas das vezes era exigida a outorga de garantias por parte do acionista controlador, como é praxe no mercado. A fim de viabilizar tais operações, os administradores de FIP, após aprovação por parte dos cotistas, requeriam à CVM dispensa do cumprimento da regra contida no referido artigo 35, III, da Instrução CVM nº 391/2003, a fim de que os fundos pudessem prestar garantias às companhias investidas.

Em diversas ocasiões[84], o Colegiado da Comissão de Valores Mobiliários decidiu pela dispensa da aplicação do artigo 35, III da Instrução

---

deliberação de tal matéria deve ser representativa de titulares de cotas correspondentes a, no mínimo, dois terços das cotas subscritas.

[83] A Instrução CVM nº 535/2013: (a) inseriu o inciso XXIII no artigo 6º da Instrução CVM nº 391/2003, que passou a dispor: "Art. 6º. O regulamento do Fundo de Investimento em Participações deverá dispor sobre: [...] XXIII – possibilidade de a assembleia geral de cotistas deliberar sobre a prestação de fiança, aval, aceite ou qualquer outra forma de coobrigação, em nome do fundo"; (b) inseriu o inciso XI no artigo 15 da Instrução CVM nº 391/2003, que passou a dispor: "Art. 15. Competirá privativamente à assembleia geral de cotistas: [...] XI – deliberar sobre a prestação de fiança, aval, aceite ou qualquer outra forma de coobrigação em nome do fundo"; e (c) alterou a redação do inciso III do artigo 35 da Instrução CVM nº 391/2003, que passou a dispor: "Art. 35. É vedado ao administrador, direta ou indiretamente, em nome do fundo: [...] III – prestar fiança, aval, aceite ou coobrigar-se sob qualquer outra forma, exceto mediante aprovação da maioria qualificada dos cotistas reunidos em assembleia geral, desde que o regulamento do fundo preveja essa possibilidade; [...]".

[84] BRASIL. COMISSÃO DE VALORES MOBILIÁRIOS. Processo CVM nº RJ2007/1366. Colegiado. Rel. Superintendência de Registro de Valores Mobiliários. julg. em 27 de mar. 2007; BRASIL. COMISSÃO DE VALORES MOBILIÁRIOS. Processo CVM nº RJ2007/5345. Colegiado. Rel. Superintendência de Registro de Valores Mobiliários. julg. em 05 de jun. 2007; BRASIL. COMISSÃO DE VALORES MOBILIÁRIOS. Processo CVM nº RJ2007/10684. Colegiado. Rel. Superintendência de Registro de Valores Mobiliários. julg. em 02 de out.

CVM nº 391/2003, concordando com as manifestações proferidas pela Área Técnica da Autarquia no sentido de que (i) o público-alvo dos FIP são investidores qualificados, capazes de tomar decisões refletidas de investimento e (ii) a dação de ativos em garantia de obrigações contraídas por companhias investidas tende a tornar o capital menos custoso, o que pode atender à estratégia de investimento dos fundos.

Essa necessidade do mercado, manifestada pelos diversos pedidos de dispensa apresentados àquela autarquia resultou na alteração da Instrução CVM nº 391/2003 pela Instrução CVM nº 535/2013, conforme acima mencionado. Atualmente, a redação da Instrução CVM nº 578/2016 repetiu os dispositivos introduzidos na regulamentação anterior, consolidando a possibilidade da outorga de garantias por parte dos FIPs.

Nos termos do parágrafo segundo do artigo 43 da Instrução CVM nº 578/2016, na hipótese de o fundo prestar qualquer garantia, o administrador deve zelar pela ampla disseminação das informações sobre todas as garantias existentes, por meio, no mínimo, de divulgação de fato relevante e permanente disponibilização, com destaque, das informações na página do administrador do fundo na rede mundial de computadores.

2007; BRASIL. COMISSÃO DE VALORES MOBILIÁRIOS. Processo CVM nº RJ2007/14146. Colegiado. Rel. Superintendência de Registro de Valores Mobiliários. julg. em 29 de jan. 2008; BRASIL. COMISSÃO DE VALORES MOBILIÁRIOS. Processo CVM nº RJ2007/14899. Colegiado. Rel. Superintendência de Registro de Valores Mobiliários. julg. em 15 de jan. 2008; BRASIL. COMISSÃO DE VALORES MOBILIÁRIOS. Processo CVM nº RJ2008/7011. Colegiado. Rel. Superintendente de Relações com Investidores Institucionais. julg. em 31 de mar. 2009; BRASIL. COMISSÃO DE VALORES MOBILIÁRIOS. Processo CVM nº RJ2008/8253. Colegiado. Rel. Superintendente de Relações com Investidores Institucionais. julg. em 31 de mar. 2009; BRASIL. COMISSÃO DE VALORES MOBILIÁRIOS. Processo CVM nº RJ2008/11489. Colegiado. Rel. Superintendente de Relações com Investidores Institucionais. julg. em 31 de mar. 2009; BRASIL. COMISSÃO DE VALORES MOBILIÁRIOS. Processo CVM nº RJ2008/12400. Colegiado. Rel. Superintendente de Relações com Investidores Institucionais. julg. em 08 de dez. 2009; BRASIL. COMISSÃO DE VALORES MOBILIÁRIOS. Processo CVM nº RJ2009/1293. Colegiado. Rel. Superintendente de Relações com Investidores Institucionais. julg. em 31 de dez. 2009; BRASIL. COMISSÃO DE VALORES MOBILIÁRIOS. Processo CVM nº RJ2009/13070. Colegiado. Rel. Superintendente de Relações com Investidores Institucionais. julg. em 23 de mar. 2010; e BRASIL. COMISSÃO DE VALORES MOBILIÁRIOS. Processo CVM nº RJ2009/13070. Colegiado. Rel. Superintendente de Relações com Investidores Institucionais. julg. em 23 de mar. 2010.

Nota-se, portanto, uma preocupação da regulação em impedir que o FIP se sujeite a riscos não relacionados diretamente com a aplicação de recursos em sociedades, segundo a política de investimento constante de seu regulamento.

A assembleia geral é o órgão soberano do FIP, ao qual compete deliberar, dentre outras matérias, sobre: aprovação das demonstrações contábeis apresentadas pelo administrador; alteração do regulamento do fundo; fusão, incorporação, cisão ou eventual liquidação do fundo; alteração do prazo de duração do fundo; instalação, composição, organização e funcionamento dos comitês e conselhos do fundo; e prestação de garantias pelo fundo.

As deliberações da assembleia geral são tomadas por votos da maioria das cotas subscritas presentes ao conclave, salvo no que diz respeito às deliberações das matérias referidas: (i) no artigo 29, parágrafo segundo, da Instrução CVM nº 578/2016, cuja aprovação dependerá do voto favorável de cotistas que representem metade, no mínimo, das cotas subscritas; e (ii) no parágrafo terceiro do mesmo dispositivo, caso em se que exigirá o voto favorável de cotistas que representem, no mínimo, 2/3 das cotas subscritas, podendo o regulamento do fundo estabelecer outras matérias sujeitas a quórum qualificado.

A cada cota subscrita é atribuído um voto na assembleia geral, contudo, o regulamento poderá admitir a existência de uma ou mais classes de cotas, atribuindo-lhes direitos políticos especiais para as matérias que especificar[85].

Assim, no âmbito da estruturação de um determinado fundo, pode-se conferir a um cotista específico, por meio da atribuição de uma certa espécie de cotas, o direito de indicar membros do comitê de investimento, por exemplo, ou garantir-lhe o poder de veto a determinadas matérias sujeitas à deliberação da assembleia geral.

Da mesma forma como pode dispor sobre vantagens políticas, o regulamento poderá atribuir a uma ou mais classe de cotas direitos econômico-financeiros distintos, exclusivamente quanto à fixação das taxas de administração e de gestão e à ordem de preferência no pagamento dos rendimentos, das amortizações ou do saldo de liquidação do fundo. No

---

[85] Conforme artigo 29, *caput* e § 1º, da Instrução CVM nº 578/2016.

caso do FIP ser destinado exclusivamente à investidores profissionais ou obter apoio financeiro direto de organismos de fomento, poderão ser atribuídos direitos econômico-financeiros além dos mencionados[86].

O regulamento do fundo deverá contemplar, dentre outras matérias expressamente previstas no artigo 9º da Instrução CVM nº 578/2016: (i) política de investimento a ser adotada pelo fundo, com a indicação dos ativos que podem compor a sua carteira e explicação sobre eventuais riscos de concentração e iliquidez desses ativos; (ii) o prazo de duração do fundo e condições para eventuais prorrogações; (iii) a indicação de possíveis conflitos de interesses existentes no momento da constituição do fundo; (iv) o processo decisório para a realização, pelo fundo, de investimento e desinvestimento; (v) a existência, composição e funcionamento de conselho consultivo, comitê de investimentos, comitê técnico ou de outro comitê, se houver, com a indicação das suas respectivas funções; (vi) as regras para a substituição do administrador e do gestor; (vii) possibilidade de utilização de bens e direitos, inclusive créditos e valores mobiliários, na integralização e amortização de cotas, bem como na liquidação do fundo, com o estabelecimento de critérios detalhados e específicos para a adoção desses procedimentos; e (viii) possibilidade de a assembleia geral de cotistas deliberar sobre a prestação de fiança, aval, aceite, ou qualquer outra forma de coobrigação e de garantias reais, em nome do fundo.

A disciplina, no regulamento do FIP, da política de investimento de forma clara e precisa, assim como do processo decisório para realização de investimento e desinvestimento de forma detalhada, são limitadores da atuação discricionária do administrador e do gestor do fundo, que deverão pautar sua atuação em estrita observância às regras contidas no regulamento.

Nessa linha, a política de investimento pode especificar, por exemplo, o setor econômico, determinados indicadores econômicos, financeiros, operacionais, ambientais ou sociais que a sociedade-alvo deve apresentar para que possa receber investimento do FIP. Da mesma forma e tendo em vista que o investimento em FIP é considerado de alto risco, a definição

---

[86] De acordo com o disposto no artigo 19, parágrafos segundo e terceiro, da Instrução CVM nº 578/2016.

de um processo decisório de investimento e desinvestimento bem criterioso e detalhado contribui para mitigação de riscos.

A existência de conselho consultivo e/ou comitê de investimento, por sua vez, auxilia na tomada de decisões estratégicas pelo FIP, agregando novas visões de profissionais experientes a respeito das oportunidades de investimento analisadas pelo fundo, bem como possibilitando aos cotistas, conforme o caso, indicar profissionais dos seus quadros para compor tais órgãos e, assim, acompanhar a evolução do investimento de forma mais incisiva e atuante.

Conforme disciplina o artigo 38, § 3º da Instrução CVM nº 578/2016, os membros de conselho ou comitê deverão informar ao administrador do fundo, e este deverá informar aos cotistas, qualquer ocorrência que os coloque em situação de conflito de interesses com o fundo, seja tal conflito potencial ou efetivo.

Um aspecto que demanda bastante cuidado é a possibilidade de utilização de bens e direitos na amortização de cotas, bem como na liquidação do fundo, na medida em que tais procedimentos resultam na entrega aos cotistas dos ativos integrantes da carteira do FIP.

Tal situação é bastante sensível para as entidades fechadas de previdência complementar (EFPC), tradicionalmente grandes aplicadoras de recursos em FIPs, pois pode acarretar o desenquadramento da carteira de investimentos da entidade às disposições da Resolução CMN nº 3.792/2009[87].

Referido desenquadramento pode ocorrer em razão de: (a) os valores mobiliários a serem transferidos aos cotistas do FIP não serem elegíveis para investimento por entidades fechadas de previdência complementar; (b) os valores mobiliários a serem transferidos aos cotistas, mesmo que elegíveis para investimento por EFPC, fazerem com que a EFPC cotista ultrapasse os limites de concentração estabelecidos pela Resolução CMN nº 3.792/2009; e (c) tal situação não se encontra contemplada dentre as hipóteses de desenquadramento passivo definidas no artigo 52 da Resolução CMN nº 3.792/2009.

---

[87] BRASIL. Conselho Monetário Nacional. Resolução nº 3.792, de 24 de setembro de 2009. Dispõe sobre as diretrizes de aplicação dos recursos garantidores dos planos administrados pelas entidades fechadas de previdência complementar. Disponível em: <http://www.bacen.gov.br>. Acesso em 28 nov. 2016.

Em que pese existir manifestação da Superintendência Nacional de Previdência Complementar (PREVIC) de que o rol de hipóteses do artigo 52 da Resolução CMN nº 3.792/2009 não é exaustivo[88], não se pode afirmar que a recepção, por EFPC, de ativos anteriormente integrantes da carteira de investimentos de FIP do qual tal EFPC era cotista, em razão de amortização de cotas ou liquidação, pode ser interpretado como desenquadramento passivo, uma vez que ao subscrever cotas, a EFPC declara ciência do conteúdo do regulamento do FIP e, por conseguinte, concorda com tal possibilidade, assumindo o correspondente risco.

1.4.2. Classificação dos FIPs

Anteriomente à vigência da Instrução CVM nº 578/2016, as diversas categorias de fundos de participação possuam disciplina dispersa. Além da Instrução CVM nº 391/2003, que regulava os FIPs, existia, ainda, a Instrução CVM nº 209/1994, que disciplinava os Fundos Mútuos de Investimento em Empresas Emergentes (FMIEE) e a Instrução CVM nº 460/2007, que disciplinava os Fundos de Investimento em Participação em Infraestrutura (FIP-IE) e os Fundos de Investimento na Produção Econômica Intensiva em Pesquisa, Desenvolvimento e Inovação (FIP-PD&I).

A Instrução CVM nº 578/2016 reformulou e consolidou a disciplina normativa das diversas categorias de fundos de participação no mesmo diploma, com a consequente revogação das Instruções CVM nº 209/1994, 391/2003 e 460/2007.

Atualmente, os FIPs são classificados nas seguintes categorias quanto à composição de suas carteiras: (i) capital semente; (ii) empresas emergentes; (iii) infraestrutura – FIP-IE; (iv) produção econômica intensiva em pesquisa, desenvolvimento e inovação – FIP-PD&I; e (v) multiestratégia.

Cabe destacar que a Instrução CVM nº 578/2016 extinguiu os antigos Fundos de Investimento em Cotas de Fundos de Investimento em Par-

---

[88] Conforme pode-se inferir da manifestação contida no item 5 do Anexo ao Ofício Circular Conjunto nº 001/2014/DIACE/DIFIS/DITEC/PREVIC, de 24 de março de 2014 (BRASIL. Superintendência Nacional de Previdência Complementar – Previc. Ofício Circular Conjunto nº 001/2014/DIACE/DIFIS/DITEC/PREVIC, de 24 de março de 2014. Disponível em: <http://www.ancep.org.br/wp/wp-content/uploads/2014/03/OFICIO_CIRCULA_001_24_03_2014_DIACE.pdf>. Acesso em: 28 nov. 2016).

ticipação – FIC-FIP, anteriormente previstos no artigo 37 da Instrução CVM nº 391/2016 e cujo objetivo era a aplicação de, no mínimo, 90% de seu patrimônio em cotas de FIP, FMIEE ou Fundo de Ações – Mercado de Acesso. Pelas regras atuais, os FIPs podem investir até 90% de seu patrimônio líquido em cotas de outros FIPs ou de Fundo de Ações – Mercado de Acesso.

1.4.2.1. FIP Capital Semente

O FIP Capital Semente, destinado a investidores qualificados, poderá investir não apenas em determinados valores mobiliários emitidos por sociedades anônimas, mas também em títulos e valores mobiliários representativos de participação em sociedades limitadas, em ambos os casos devendo a sociedade investida ter receita bruta anual de até R$ 16 milhões no exercício social encerrado em ano anterior ao primeiro aporte, sem que tenha apresentado receita superior a esse limite nos últimos três exercícios sociais.

Na mesma linha, caso as sociedades investidas pelo FIP Capital Semente sejam controladas por sociedade ou grupo econômico, de fato ou de direito, este não poderá apresentar ativo total superior a R$ 80 milhões ou receita bruta anual superior a R$ 100 milhões no encerramento do exercício social imediatamente anterior ao primeiro aporte do fundo.

Essa regra não se aplica apenas quando a sociedade investida for controlada por outro FIP, desde que as demonstrações contábeis desse FIP não sejam consolidadas nas demonstrações contábeis de qualquer de seus cotistas.

Tais limitações à receita bruta das sociedades investidas pelo FIP Capital Sementre se justificam pois as sociedades por eles investidas estão dispensadas de seguir as práticas de governança previstas no artigo 8º da Instrução CVM nº 578/2016.

1.4.2.2. FIP Empresas Emergentes

A categoria de FIPs "Empresas Emergentes" foi criada para substituir os FMIEE, anteriormente disciplinados pela Instrução CVM nº 209/1994. Os FIPs Empresas Emergentes só poderão investir em sociedades anônimas que tenham receita bruta anual de até R$ 300 milhões apurada no exercício social encerrado em ano anterior ao primeiro aporte do fundo,

A RESPONSABILIDADE DO COTISTA DE FUNDO DE INVESTIMENTO EM PARTICIPAÇÕES

sem que tenha apresentado receita superior a esse limite nos últimos três exercícios sociais.

As companhias que receberem investimento de FIPs Empresas Emergentes não poderão ser controladas (direta ou indiretamente) por sociedade ou grupo de sociedades que apresente ativo total superior a R$ 240 milhões ou possua receita bruta anual superior a R$ 300 milhões no exercício do exercício social imediatamente anterior ao primeiro aporte do FIP.

Seguindo lógica análoga à da categoria dos FIPs Capital Semente, as companhias investidas pelos FIPs Empresas Emergentes estão dispensadas de seguir as seguintes práticas de governança: proibição de emissão de partes beneficiárias e inexistência desses títulos em circulação; estabelecimento de um mandato unificado de até dois anos para todo o conselho de administração, quando existente; e adesão à câmara de arbitragem para resolução de conflitos societários.

1.4.2.3. FIP Infraestrutura e FIP Produção Econômica Intensiva em Pesquisa, Desenvolvimento

Os FIP-IE devem manter seu patrimônio líquido investido em ações, bônus de subscrição, debêntures, conversíveis ou não, ou outros títulos de emissão de sociedades anônimas, abertas ou fechadas, que desenvolvam novos projetos de infraestrutura, enquanto os FIP-PD&I devem investir nos mesmos ativos de companhias que desenvolvam novos projetos de produção econômica intensiva em pesquisa, desenvolvimento e inovação no território nacional.

Em ambos os casos, os projetos devem ser pertinentes aos setores de: energia; transporte; água e saneamento básico; irrigação; e outras áreas tidas como prioritárias pelo Poder Executivo Federal.

Nos termos do artigo 17 da Instrução CVM nº 578/2016, são considerados "novos projetos" aqueles implementados após 22 de janeiro de 2007, além (i) dos projetos de produção econômica intensiva em pesquisa, desenvolvimento e inovação implementados a partir da vigência da Lei nº 12.431/2011 por sociedades específicas criadas para tal fim e que atendam à regulamentação do Ministério da Ciência, Tecnologia e Inovação e (ii) das expansões de projetos já existentes, implantados ou em processo de implantação, desde que os investimentos e os resultados da expansão sejam segregados mediante a constituição de sociedade de propósito específico.

1.4.2.4. FIP Multiestratégia

O FIP Multiestratégia, por sua vez, é entendido como aquele que não se enquadra nas demais categorias, por admitir diferentes tipos e portes de sociedades investidas, sucedendo, assim, o modelo tradicional de FIP anteriormente regulamentado pela Instrução CVM nº 391/2003.

Desde que observados integralmente os dispositivos aplicáveis aos FIPs Capital Semente e Empresas Emergentes, as sociedades investidas pelo FIP Multiestratégia estarão dispensadas de seguir as práticas de governança aplicáveis a essa categoria de FIP.

Além disso, pode o FIP Multiestratégia destinado exclusivamente a investidores profissionais investir até 100% de seu capital subscrito em ativos emitidos ou negociados no exterior, sem a exigência de capital mínimo, contanto que: (i) haja previsão expressa em seu regulamento quanto à possibilidade de investimentos em ativos no exterior e o respectivo percentual máximo do capital subscrito que poderá ser alocado; (ii) seu regulamento seja explícito no que se refere à exclusiva participação de investidores profissionais; e (iii) utilize o sufixo "Investimento no Exterior" em sua denominação.

1.4.3. Administração do FIP

Da mesma forma que ocorre com os fundos de investimento regulados pela Instrução CVM nº 555/2014, a administração do fundo de investimento em participações compete a pessoa jurídica autorizada pela CVM a exercer a atividade de administração de carteira de valores mobiliários, a qual deverá indicar, dentre os seus administradores (pessoas físicas), aquele que ficará responsável pela representação do fundo perante a Comissão de Valores Mobiliários.

A gestão da carteira do fundo, por sua vez, poderá ser realizada tanto pelo próprio administrador do FIP quanto por terceira pessoa, que também deve ser habilitada pela CVM para o exercício da função de administrador de carteira de valores mobiliários.

Ao administrador são atribuídos poderes para exercer, ou diligenciar para que sejam exercidos, todos os direitos inerentes aos valores mobiliários integrantes da carteira do FIP. Assim, ao administrador compete, por exemplo, comparecer e votar em assembleias gerais e especiais e exercer o direito de ação inerente aos valores mobiliários adquiridos pelo fundo.

Na hipótese de a administração e a gestão do fundo serem exercidas por pessoas jurídicas distintas, tais poderes de representação poderão ser delegados, integral ou parcialmente, pelo administrador ao gestor.

Deve-se observar, contudo, eventual disposição contida no regulamento do FIP no sentido de compartilhamento de decisões inerentes à composição da carteira de investimento do fundo com conselho ou comitê previsto no regulamento. Nesse caso, o poder de representação do FIP fica condicionado à observância do procedimento que deve ser minuciosamente previsto no regulamento.

O administrador do fundo de investimento em participações poderá renunciar à sua função. Nessa hipótese, o administrador e o gestor têm a obrigação de convocar, imediatamente à comunicação de sua decisão de renunciar à função, assembleia geral do fundo para eleição do seu substituto, devendo tal assembleia ser realizada no prazo de até 15 dias da referida comunicação. É facultado, também, aos cotistas titulares de, no mínimo, 5% das cotas emitidas convocar tal assembleia; ou ainda a qualquer cotista, caso a convocação não seja realizada tempestivamente pelos agentes acima referidos.

Não obstante os prazos acima referidos, sempre que o administrador do FIP renunciar à sua função, deverá desempenhá-la até sua efetiva substituição (que deve ocorrer no prazo máximo de 180 dias) mediante a assunção da função pelo administrador substituto, com a consequente alteração do regulamento do fundo para a consignação do novo administrador.

Pode ocorrer, ainda, o descredenciamento do administrador, pela CVM, como pessoa jurídica habilitada ao exercício da atividade de administração de carteira de valores mobiliários[89]. Nessa hipótese, fica

---

[89] Nos termos do artigo 9º da Instrução CVM nº 558/2015, a Superintendência de Relações com Investidores Institucionais da CVM deverá cancelar a autorização para o exercício da atividade de administração de carteira de valores mobiliários nas seguintes hipóteses: (i) falecimento do administrador de carteiras de valores mobiliários pessoa natural; (ii) extinção do administrador de carteiras de valores mobiliários pessoa jurídica; (iii) se constatada a falsidade dos documentos ou de declarações apresentadas para obter a autorização; ou (iv) se, em razão de fato superveniente devidamente comprovado, ficar evidenciado

a Comissão de Valores Mobiliários obrigada a convocar imediatamente a assembleia geral que elegerá seu substituto, podendo tal convocação também ser realizada por titulares de 5% das cotas emitidas.

Nesse caso, a CVM pode, ainda, indicar um administrador temporário, que desempenhará interinamente a função até a eleição e início das atividades da nova administração.

O administrador de FIP também pode ser substituído em decorrência de sua destituição por deliberação da assembleia geral, a qual deverá ser aprovada por cotistas que representem, no mínimo, metade das cotas subscritas, se quórum maior não for fixado no regulamento.

1.4.4. Obrigações do administrador e do gestor do FIP

A Instrução CVM nº 578/2016 estabelece um rol de obrigações atribuídas ao administrador do fundo de investimento em participações e outro rol destinado aos gestores, os quais não devem ser considerados exaustivos, tendo vista que as disposições da Instrução CVM nº 555/2014 se aplicam a todo e qualquer fundo de investimento registrado perante a Comissão de Valores Mobiliários, naquilo que não conflite com as disposições específicas dos fundos com regulação própria.

No tocante aos administradores, a referida norma contempla as seguintes obrigações:

(i) diligenciar para que sejam mantidos, às suas expensas, atualizados e em perfeita ordem:
   a) os registros de cotistas e de transferências de cotas;
   b) o livro de atas das assembleias gerais e de atas de reuniões dos conselhos consultivos, comitês técnicos ou de investimentos, conforme aplicável;
   c) o livro ou lista de presença de cotistas;
   d) os relatórios dos auditores independentes sobre as demonstrações contábeis;
   e) os registros e demonstrações contábeis referentes às operações realizadas pelo fundo e seu patrimônio; e
   f) cópia da documentação relativa às operações do fundo.

que a pessoa autorizada pela CVM não mais atende a qualquer dos requisitos e condições, estabelecidos nesta Instrução, para a concessão da autorização.

(ii) receber dividendos, bonificações e quaisquer outros rendimentos ou valores atribuídos ao fundo;

(iii) pagar, às suas expensas, eventuais multas cominatórias impostas pela CVM, nos termos da legislação vigente, em razão de atrasos no cumprimento dos prazos previstos nesta Instrução;

(iv) elaborar, em conjunto com o gestor, relatório a respeito das operações e resultados do fundo, incluindo a declaração de que foram obedecidas as disposições desta Instrução e do regulamento do fundo;

(v) exercer, ou diligenciar para que sejam exercidos, todos os direitos inerentes ao patrimônio e às atividades do fundo;

(vi) transferir ao fundo qualquer benefício ou vantagem que possa alcançar em decorrência de sua condição de administrador do fundo;

(vii) manter os títulos e valores mobiliários integrantes da carteira do fundo custodiados em entidade de custódia autorizada ao exercício da atividade pela CVM, ressalvado o disposto no art. 37;

(viii) elaborar e divulgar as informações previstas no Capítulo VIII da Instrução CVM nº 578/2016;

(ix) cumprir as deliberações da assembleia geral;

(x) manter atualizada junto à CVM a lista de prestadores de serviços contratados pelo fundo e informados no momento do seu registro, bem como as demais informações cadastrais;

(xi) fiscalizar os serviços prestados por terceiros contratados pelo fundo; e

(xii) elaborar e cumprir e fazer cumprir todas as disposições do regulamento do fundo.

A Instrução CVM nº 578/2016 estabelece as seguintes obrigações para os gestores, sem prejuízo das obrigações dos administradores:

(i) elaborar, em conjunto com o administrador, relatório a respeito das operações e resultados do fundo;

(ii) fornecer aos cotistas que assim requererem, estudos e análises de investimento para fundamentar as decisões a serem tomadas em assembleia geral, incluindo os registros apropriados com as justificativas das recomendações e respectivas decisões;

(iii) fornecer aos cotistas, conforme conteúdo e periodicidade previstos no regulamento, atualizações periódicas dos estudos e análises que permitam o acompanhamento dos investimentos realizados, objetivos alcançados, perspectivas de retorno e identificação de possíveis ações que maximizem o resultado do investimento;

(iv) custear as despesas de propaganda do fundo;

(v) exercer, ou diligenciar para que sejam exercidos, todos os direitos inerentes ao patrimônio e às atividades do fundo;

(vi) transferir ao fundo qualquer benefício ou vantagem que possa alcançar em decorrência de sua condição de gestor do fundo;

(vii) firmar, em nome do fundo, os acordos de acionistas das sociedades de que o fundo participe;

(viii) manter a efetiva influência na definição da política estratégica e na gestão da sociedade investida, nos termos do disposto no art. 6º, e assegurar as práticas de governança referidas no art. 8º;

(ix) cumprir as deliberações da assembleia geral no tocante as atividades de gestão;

(x) cumprir e fazer cumprir todas as disposições do regulamento do fundo aplicáveis às atividades de gestão da carteira;

(xi) contratar, em nome do fundo, bem como coordenar, os serviços de assessoria e consultoria correlatos aos investimentos ou desinvestimentos do fundo nos ativos previstos no art. 5º; e

(xii) fornecer ao administrador todas as informações e documentos necessários para que este possa cumprir suas obrigações, incluindo, dentre outros:

a) as informações necessárias para que o administrador determine se o fundo se enquadra ou não como entidade de investimento, nos termos da regulamentação contábil específica;

b) as demonstrações contábeis auditadas das sociedades investidas previstas no art. 8º, VI, quando aplicável; e

c) o laudo de avaliação do valor justo das sociedades investidas, quando aplicável nos termos da regulamentação contábil específica, bem como todos os documentos necessários para que o administrador possa validá-lo e formar suas conclusões acerca das premissas utilizadas pelo gestor para o cálculo do valor justo.

A RESPONSABILIDADE DO COTISTA DE FUNDO DE INVESTIMENTO EM PARTICIPAÇÕES

Visando resguardar situações de potencial conflito de interesses, sempre que forem requeridas informações a respeito de análises de investimento, elaboradas pelo gestor ou pelo administrador, bem como de atualizações periódicas dos estudos e análises elaborados pelo gestor ou pelo administrador, estes poderão submeter a questão à prévia apreciação da assembleia geral.

Da mesma forma, salvo se aprovado pelos cotistas representativos da maioria das cotas em assembleia geral, o FIP não pode aplicar recursos (i) em companhias das quais o gestor, o administrador, os membros de comitês ou conselhos e cotistas titulares de cotas representativas de 5% do patrimônio do fundo, seu sócios e cônjuges, individualmente ou em conjunto, tenham participação superior a 10% do capital social votante ou total; ou em companhias nas quais tais pessoas estejam envolvidas direta ou indiretamente na estruturação da operação de valores mobiliários que serão subscritos pelo fundo ou façam parte de conselhos de administração, consultivo ou fiscal antes do primeiro investimento por parte do fundo; e (ii) em operações nas quais as mencionadas pessoas sejam contrapartes do fundo.

Sobre esse particular, em resposta à consulta formulada por participante do mercado ainda sob a vigência da Instrução CVM nº 391/2003, a CVM já manifestou entendimento de que não seria possível que o regulamento do fundo contivesse autorização genérica para realização de negócios com as pessoas acima referidas. Todavia, seria possível que o regulamento autorizasse previamente a realização de negócios com pessoas determinadas que se enquadrassem em tal situação, ressalvando que tais pessoas se enquadram na situação de conflito tratada no artigo 36 da então vigente Instrução CVM nº 391/2003 (atualmente reproduzido no artigo 44 da Instrução CVM nº 578/2016). Vale transcrever o seguinte trecho da ementa da decisão do Colegiado da CVM:

> O Colegiado, acompanhando o entendimento exposto no voto do Relator, entendeu que: (i) não é admissível a inclusão de cláusula regulamentar genérica que previamente autorize o investimento em empresas de que participem as pessoas referidas no art. 36 da Instrução CVM 391/03, tendo em vista que o objetivo de tal norma é exatamente o de obter autorizações específicas para o investimento em empresas determinadas, o que se obtém através da deliberação em assembleia geral. O Colegiado, entretanto, salienta

OS FUNDOS DE INVESTIMENTO NO ORDENAMNTO JURÍDICO BRASILEIRO

que não haveria empecilho de que do Regulamento do Fundo já constasse a autorização para investimento em determinadas empresas, devidamente identificadas no Regulamento, desde que também se fizesse constar a ressalva de que tais empresas estão abrangidas pelas normas do art. 36 da Instrução CVM 391/03, e que ao adquirir as cotas o investidor estará outorgando a autorização a que se refere aquele artigo [...][90].

Os contratos firmados entre o administrador do fundo e os prestadores de serviços de tesouraria, controle e processamento dos ativos e escrituração da emissão e resgate de cotas devem conter cláusula que estipule a responsabilidade solidária entre o administrador e tais agentes por eventuais prejuízos causados aos cotistas em virtude de condutas contrárias à lei, ao regulamento ou aos atos normativos expedidos pela CVM.

Sem prejuízo, o administrador e os demais prestadores de serviços contratados respondem perante a CVM, na esfera de suas respectivas competências, por seus próprios atos e omissões.

De forma semelhante ao dever de informar atribuído à administração das companhias abertas[91], o administrador do FIP deverá divulgar a todos os cotistas e à CVM qualquer ato ou fato relevante atinente ao fundo, ressalvando-se, excepcionalmente, os atos ou fatos relevantes cuja divulgação o administrador entenda que põe em risco interesse legítimo do fundo ou das sociedades investidas.

1.4.5. Encargos do FIP

Os encargos do FIP, isto é, os custos que são arcados pelo fundo e, indiretamente, pelos cotistas, além da remuneração do administrador, são os indicados no artigo 45 da Instrução CVM nº 578/2016, a seguir destacados:

(i) emolumentos, encargos com empréstimos e comissões pagos por operações do fundo;

---

[90] BRASIL. COMISSÃO DE VALORES MOBILIÁRIOS. Processo CVM nº RJ2005/4302. Colegiado. Rel. Wladimir Castelo Branco Castro. julg. em 20 de dez. 2005.
[91] Regulado nos termos do artigo 157 da Lei nº 6.404, de 15 de dezembro de 1976 e da Instrução CVM nº 358, de 3 de janeiro de 2002.

A RESPONSABILIDADE DO COTISTA DE FUNDO DE INVESTIMENTO EM PARTICIPAÇÕES

(ii) taxas, impostos ou contribuições federais, estaduais, municipais ou autárquicas, que recaiam ou venham a recair sobre os bens, direitos e obrigações do fundo;

(iii) registro de documentos em cartório, impressão, expedição e publicação de relatórios e informações periódicas previstas nesta Instrução;

(iv) correspondência do interesse do fundo, inclusive comunicações aos cotistas;

(v) honorários e despesas dos auditores encarregados da auditoria das demonstrações contábeis do fundo;

(vi) honorários de advogados, custas e despesas correlatas incorridas em razão de defesa dos interesses do fundo, em juízo ou fora dele, inclusive o valor da condenação, imputada ao fundo, se for o caso;

(vii) parcela de prejuízos não coberta por apólices de seguro e não decorrente de culpa ou dolo dos prestadores dos serviços de administração no exercício de suas respectivas funções;

(viii) prêmios de seguro, bem como quaisquer despesas relativas à transferência de recursos do fundo entre bancos;

(ix) inerentes à constituição, fusão, incorporação, cisão, transformação ou liquidação do fundo, dentro de limites estabelecidos pelo regulamento;

(x) inerentes à realização de assembleia geral de cotistas, reuniões de comitês ou conselhos do fundo, dentro de limites estabelecidos pelo regulamento;

(xi) com liquidação, registro, negociação e custódia de operações com ativos;

(xii) contratação de terceiros para prestar serviços legais, fiscais, contábeis e de consultoria especializada, dentro de limites estabelecidos pelo regulamento;

(xiii) relacionadas, direta ou indiretamente, ao exercício de direito de voto decorrente de ativos do fundo;

(xiv) contribuição anual devida às entidades autorreguladoras ou às entidades administradoras do mercado organizado em que o fundo tenha suas cotas admitidas à negociação;

(xv) despesas com fechamento de câmbio, vinculadas às suas operações ou com certificados ou recibos de depósito de valores mobiliários;

(xvi) gastos da distribuição primária de cotas, bem como com seu registro para negociação em mercado organizado de valores mobiliários; e

(xvii) honorários e despesas relacionadas à atividade de formador de mercado.

Dentre os encargos acima mencionados, destaca-se a "parcela de prejuízos não coberta por apólices de seguro e não decorrente de culpa ou dolo dos prestadores dos serviços de administração no exercício de suas respectivas funções". Esse dispositivo, somado à regra de responsabilidade dos cotistas pelo patrimônio líquido negativo do fundo prevista na Instrução CVM nº 555/2014 e à anuência às chamadas de capital às quais o investidor estará obrigado, nos termos do instrumento previsto no artigo 20, parágrafo primeiro, da Instrução CVM nº 578/2016, possibilita a responsabilização indireta do cotista do FIP por ato ou fato praticado pelo FIP, como se demonstrará adiante.

2
O Poder de Controle e a Responsabilidade do Controlador

Como já mencionado no capítulo anterior, o fundo de investimento em participações deve efetivamente influenciar a gestão das sociedades investidas, podendo tal influência ser implementada por meio do controle de tais sociedades ou da celebração de acordo de acionistas (ou de cotistas, conforme o caso) que lhe atribua certas prerrogativas políticas.

Em ambos os casos, o FIP pode vir a ser considerado controlador da sociedade investida, sujeitando-se ao regime jurídico inerente a essa situação.

Tendo em vista que a responsabilidade decorrente da posição de controlador eventualmente atribuída a um fundo de investimento em participações pode gerar responsabilidade indireta substancial para os seus cotistas, o presente capítulo, sem o objetivo de exaurir a matéria, mas de trazer elementos úteis ao tópico central deste livro, tratará dos contornos do poder de controle societário, bem como das hipóteses de responsabilização do controlador.

Não obstante a possibilidade de FIP aplicar recursos em títulos e valores mobiliários representativos de participação em sociedade limitada, introduzida pela Instrução CVM nº 578/2016, o presente capítulo trabalhará com o conceito de controle à luz da disciplina da Lei nº 6.404/76 (Lei das S.A.), por ser o tipo societário mais usual para os investimentos realizados por FIP e pelo fato de suas normas serem aplicáveis subsidiariamente às sociedades limitadas caso haja previsão no respectivo contrato social, por força do disposto no art. 1.053, parágrafo único do Código Civil.

2.1. Controle societário como fenômeno de poder

A sociedade, enquanto exercício coletivo da empresa, consiste em contrato plurilateral[92] cuja estrutura de poder decorre, em princípio, das disposições de seus atos constitutivos e da titularidade do capital social.

José Alexandre Tavares Guerreiro, em trabalho a respeito dos fundamentos do poder de controle na sociedade anônima, nota dois níveis de dominação que gravitam em torno da companhia: (i) o da dominação das companhias sobre a economia como um todo, produzindo reflexos nos mercados e na própria regulação da economia; e (ii) o dos meios de dominação sobre a própria companhia (que por sua vez é titular de empresa), explorando as relações entre os sócios e, notadamente, o exercício do poder de controle societário. Vejam-se as palavras do referido jurista:

> O caráter instrumental da companhia, no contexto econômico, revela a conexão essencial entre os objetivos da atividade empresarial e a forma de sua realização, expressa pela personalidade jurídica. O exame dessa conexão essencial traz à luz a realidade da empresa como *meio de dominação*, que se exacerba e se torna manifesta, principalmente, quando se verifica a expansão das macro-organizações que influenciam notavelmente a estabilidade dos mercados e que chegam a condicionar, de maneira mais ou menos intensa, os próprios rumos do controle oficial sobre a economia.
>
> Uma outra abordagem do assunto conduz a reflexões interessantes acerca não já da empresa como meio de dominação, mas dos meios de dominação *sobre a própria empresa*. Aqui não se alude à técnica de acumulação do potencial econômico requerido pela atividade empresarial, mas à técnica de governo da empresa, abrindo-se campo fértil a questionamentos em torno do modo como se exercem, na sociedade anônima, determinados poderes – entre os quais o de controle, objeto da festejada monografia de Fábio Konder Comparato. Nessa ordem de ideias, ganha relevo a pesquisa em torno da dominação burocrática nas companhias. Parte-se, então, seguindo a análise de Paillusseau para o exame da sociedade como técnica que permite *governer l'entreprise*, na medida em que ela fixa o procedimento de nomeação das

---

[92] A respeito da teoria do contrato plurilateral, v. ASCARELLI, Tullio. *Problemas das sociedades anônimas e direito comparado*. 2. ed. São Paulo: Saraiva, 1969, p. 255-354.

pessoas que governam a empresa, determinando-lhes os poderes que podem exercer[93].

Nessa linha, destaque-se que, apesar de haver uma separação formal entre o controle societário da companhia, que seria exercido pelo acionista (ou grupo de acionistas) controlador, e o controle da empresa[94], de titularidade da companhia (controle empresarial), que seria exercido pela administração da companhia, na prática, o controle empresarial acaba sendo exercido indiretamente pelo titular do controle societário porquanto este tem o poder de nomear e destituir a administração a qualquer tempo. Assim sendo, os administradores eleitos pelo controlador na assembleia geral da companhia exercem, de fato, o papel de *longa manus* daquele que os indicou para seus respectivos cargos.

Sobre esse aspecto, cumpre novamente recorrer à análise de José Alexandre Tavares Guerreiro:

> Como os eleitores-acionistas têm poder de vida e morte sobre a administração, podendo a qualquer tempo destituir qualquer administrador em caráter discricionário, fácil é de perceber que, do ângulo sociológico, o poder de controle se projeta para além do foro assemblear, impondo-se sobre a administração como uma força coativa de caráter permanente, condicionando a gestão dos administradores-eleitos. Infiltra-se, dessa forma, o poder de controle pela própria tessitura organizacional da administração, influindo *de facto* nos rumos da empresa, como uma *potestas* efetiva. [...] O que se pode dizer, pois, considerando o poder de destituir, ínsito ao poder de controle acionário, é que a composição dos órgãos de gestão social, no modelo jurídico em exame, permite ou pode engendrar um esquema típico de dominação, com uma fragmentação apenas aparente entre a soberania da assembleia geral dos acionistas e a liberdade e independência supostas dos administradores sociais. Por assim dizer, o potencial de influência do acionista controlador (ou dos acionistas controladores), nos termos expostos,

---

[93] GUERREIRO, José Alexandre Tavares. Sociedade Anônima: poder e dominação. *Revista de Direito Mercantil, Industrial, Econômico e Financeiro*, São Paulo, n. 53, p. 73, jan./mar. 1984.
[94] A empresa, aqui, é referida como uma abstração, atividade econômica organizada para a produção ou circulação de bens ou de serviços, conforme se extrai do conceito do artigo 966 do Código Civil.

representa o *meio* pelo qual o poder de controle pode redundar, faticamente, em autêntica dominação sobre a companhia[95].

Tanto é assim, que a própria lei que regula as sociedades anônimas (Lei nº 6.404/76) define a caracterização do poder de controle em seu artigo 116[96] e, no parágrafo único do mesmo artigo, preconiza que "o acionista controlador deve usar o poder com o fim de fazer a companhia realizar o seu objeto e cumprir sua função social, e tem deveres e responsabilidades para com os demais acionistas da empresa, os que nela trabalham e para com a comunidade em que atua, cujos direitos e interesses deve lealmente respeitar e atender".

O poder de controle apresenta-se como manifestação de poder na medida em que o seu titular possui, como regra geral, a capacidade de fazer preponderar sua vontade nas assembleias gerais, independentemente da vontade dos demais acionistas. Dessa feita, o acionista controlador possui condições de eleger a maioria dos membros da administração da companhia e, indiretamente, definir as estratégias de condução dos negócios da companhia.

2.2. Formas de controle

O controle acionário pode se manifestar de diversas formas: a mais tradicional é o controle majoritário, que pode ser exercido por um único acionista ou por um grupo de acionistas que possuam acordo de voto; observadas determinadas condições, admite-se o controle minoritário; há também quem sustente a existência de controle gerencial e até mesmo de controle externo. Referidas modalidades de exercício do poder de controle serão objeto de análise nas linhas que se seguem.

---

[95] GUERREIRO, José Alexandre Tavares. Sociedade Anônima: poder e dominação. *Revista de Direito Mercantil, Industrial, Econômico e Financeiro*, São Paulo, n. 53, p. 75-6 jan./mar. 1984.
[96] Lei nº 6.404/76, art. 116: "Entende-se por acionista controlador a pessoa, natural ou jurídica, ou o grupo de pessoas vinculadas por acordo de voto, ou sob controle comum, que: a) é titular de direitos de sócio que lhe assegurem, de modo permanente, a maioria dos votos nas deliberações da assembleia-geral e o poder de eleger a maioria dos administradores da companhia; e b) usa efetivamente seu poder para dirigir as atividades sociais e orientar o funcionamento dos órgãos da companhia".

2.2.1. Controle majoritário

O conceito de controle societário, consignado no artigo 116 da Lei nº 6.404/76, pressupõe a verificação cumulativa de dois elementos: (i) a titularidade de direitos de sócio que assegurem, de modo permanente, a maioria dos votos nas deliberações sociais e o poder de eleger a maioria dos administradores da companhia; e (ii) a efetiva utilização do poder de comandar as atividades sociais e orientar o funcionamento dos órgãos da companhia.

A definição do poder de controle é sempre feita em função da assembleia geral, que constitui a última instância de deliberação societária. Nessa linha, Tullio Ascarelli define o controle como a possibilidade de uma ou mais pessoas imporem sua decisão à assembleia da sociedade[97]. Assim, é controlador majoritário aquele acionista que possui o equivalente a 50% (cinquenta por cento) mais uma das ações com direito a voto e efetivamente utiliza essas ações para fazer preponderar sua vontade nos conclaves da companhia.

Verifica-se, portanto, um aspecto dinâmico no âmbito do poder de controle, que diz respeito ao caráter de permanência da atuação do titular das funções de comando, pressuposto para a configuração do controle. A qualificação "permanente" justifica-se pela necessidade de um mínimo de estabilidade política para a execução da política de gestão desejada pelo controlador.

A esse respeito, a antiga Resolução nº 401, de 22 de dezembro 1976, do Conselho Monetário Nacional, presumia a estabilidade caso fosse constatada a predominância política de determinado acionista em três sucessivas deliberações assembleares. Diante da revogação da Resolução nº 401, instaurou-se controvérsia na doutrina sobre o tema.

---

[97] Nas palavras de Ascarelli: *"Controllo – e cioè possibilità di uno o più soggetti di imporre la propria decisione all' assemblea della società – che potrà poi derivare ora dalla misura e dalla qualificazione (data la possibilità di azioni a voto limitato) della partecipazione sociale (potendo allora essere maggioritaria o minoritaria a seconda che la possibilità ipotizzata presupponga la proprietà della maggioranza azionaria o invece sia sufficiente anche la proprietà di una minorianza delle azioni), ora anche da vincoli contrattuali della società"* (ASCARELLI, Tullio. *Problemi Giuridici*. Milão: Giuffré, 1959, t.1, p. 267, nota 23).

Fábio Ulhoa Coelho parece ter razão ao sustentar que o critério empregado naquele normativo continua pertinente[98]. José Edwaldo Tavares Borba, por sua vez, entende que a predominância nas duas últimas assembleias consiste em um indicador de "permanência"[99].

No âmbito da autorregulação, o Regulamento do Novo Mercado, da BM&FBovespa ainda adota o critério da preponderância nas três últimas assembleias para que seja caracterizada a permanência inerente ao controle. Veja-se a definição de acionista controlador constante do referido regulamento:

> "Poder de Controle" significa o poder efetivamente utilizado de dirigir as atividades sociais e orientar o funcionamento dos órgãos da Companhia, de forma direta ou indireta, de fato ou de direito, independentemente da participação acionária detida. Há presunção relativa de titularidade do controle em relação à pessoa ou ao Grupo de Acionistas que seja titular de ações que lhe tenham assegurado a maioria absoluta dos votos dos acionistas presentes nas 3 (três) últimas assembleias gerais da Companhia, ainda que não seja titular das ações que lhe assegurem a maioria absoluta do capital votante[100].

Com específica referência às sociedades controladoras, define o artigo 243, § 2º, da Lei nº 6.404/76 que:

> § 2º. Considera-se controlada a sociedade na qual a controladora, diretamente ou através de outras controladas, é titular de direitos de sócio que lhe assegurem, de modo permanente, preponderância nas deliberações sociais e o poder de eleger a maioria dos administradores.

---

[98] COELHO, Fábio Ulhoa. *Curso de direito comercial*. Vol. 2. 14. ed. São Paulo: Saraiva, 2010, p. 288-9.

[99] BORBA, José Edwaldo Tavares. *Direito Societário*. 10. ed. Rio de Janeiro: Renovar, 2007, p. 357, continuação da nota de rodapé 3.

[100] BM&FBovespa. *Regulamento de Listagem do Novo Mercado*, p. 4. Disponível em <http://www.bmfbovespa.com.br/pt_br/listagem/acoes/segmentos-de-listagem/novo-mercado/>. Acesso em 23 dez. 2016.

Como se vê, o legislador empregou, no § 2º, do artigo 243, o termo preponderância, com o declarado escopo de incluir no conceito de sociedade controladora a modalidade de controle indireto (igualmente referida no dispositivo), atribuindo, assim, deveres e responsabilidades a quem, de fato, toma as decisões da vida social, ainda que por interposta pessoa.

Note-se que o referido dispositivo não fala em uso efetivo do poder, conforme o fez o artigo 116, pois se uma sociedade controla outra, deve necessariamente constar de seu objeto social a "participação no capital social de outras sociedades, como acionista ou quotista" e, sendo assim, presume-se que se uma sociedade possui o controle de outra é para efetivamente exercê-lo, sob pena de seus administradores não estarem exercendo as atividades constantes do objeto social de forma diligente[101].

2.2.2. Controle minoritário

O controle minoritário geralmente se verifica em companhias com capital pulverizado e é baseado em número de ações inferior à metade do capital votante. Adolf A. Berle e Gardiner C. Means, pioneiros no estudo sobre a separação entre propriedade e controle, definiram o controle minoritário da seguinte forma:

> Pode-se dizer que o primeiro deles, o controle minoritário, existe quando um indivíduo ou pequeno grupo possui uma participação em ações suficiente para estar em condições de dominar uma empresa por meio de sua participação em ações. Muitas vezes se diz que esse grupo tem um controle "operacional" da companhia. Em geral, esse controle se baseia em sua capacidade de atrair procurações dos proprietários dispersos que, quando combinadas à sua participação minoritária substancial, são suficientes para controlar a maioria dos votos nas eleições anuais. Inversamente, isso significa que nenhum outro volume de ações é suficientemente grande para funcionar como um núcleo em torno do qual seja possível reunir a maioria dos votos[102].

---

[101] Nesse sentido, v. MUNHOZ, Eduardo Secchi. *Aquisição de controle na sociedade anônima.* São Paulo: Saraiva, 2013, p. 304.

[102] BERLE, Adolf A; MEANS, Gardiner C. *A moderna sociedade anônima e a propriedade privada.* Tradução de Dinah de Abreu Azevedo. São Paulo: Nova Cultural, 1988, p. 92.

Dessa forma, num contexto em que (i) o capital social da companhia é altamente disperso ou (ii) o acionista que detém a maior parcela do capital votante e os demais acionistas minoritários não possuem interesse na condução dos negócios sociais, é possível que um acionista minoritário exerça o controle de uma companhia[103].

Fábio Konder Comparato anotou que a legislação societária brasileira admite implicitamente a existência do controle minoritário ao fixar as regras de quórum e maioria nas assembleias gerais, afirmando ainda que, "a rigor, um controle minoritário bem estruturado, em companhia com grande pulverização acionária, pode atuar com a mesma eficiência que um controle majoritário"[104]. Ao atualizar a obra clássica do Prof. Comparato, Calixto Salomão Filho acrescentou as seguintes considerações em nota de texto:

> No Brasil, a lei societária consagra o controle minoritário como princípio dentro do capital total da sociedade. A famosa regra que permitia a existência de até dois terços do capital total da empresa representados por ações preferenciais (sem voto) – art. 15, § 2º, da Lei nº 6.404/76, agora reduzida a no máximo 50% do total do capital – nada mais é que a consagração legal do controle minoritário.
>
> (...)
>
> Por outro lado, é preciso bastante cuidado ao se falar em controle minoritário referido ao capital total, que foi mencionado acima. Deve-se pressupor que os adquirentes das ações com direito a voto têm interesse em compartilhar das decisões relativas aos destinos da companhia. Não são meros sócios capitalistas, que querem investir seus recursos sob administração de outrem. É preciso, portanto, respeitar em linha de princípio a vontade das

---

[103] É importante esclarecer que, como já dito, o conceito de controle majoritário estabelecido no art. 116 da Lei das S.A. pressupõe a efetiva utilização do poder por seu titular para fazer valer sua vontade nas assembleias e eleger a maioria da administração. Assim, caso o titular da maioria das ações não utilize os votos que elas lhe conferem nas assembleias gerais da companhia, o controle pode não ser exercido por tal acionista majoritário, abrindo espaço para que um acionista (ou grupo de acionistas) que detém menos da metade do capital votante possa exercer o controle da companhia.

[104] COMPARATO, Fábio Konder; SALOMÃO FILHO, Calixto. *O Poder de Controle na Sociedade Anônima*. Rio de Janeiro: Forense, 2008, p. 65-67.

maiorias, desde que essas se mostrem efetivamente interessadas nos negócios sociais[105].

Nos termos do artigo 129 da Lei nº 6.404/76, "as deliberações da assembleia-geral, ressalvadas as exceções previstas em lei, serão tomadas por maioria absoluta de votos, não se computando os votos em branco". Logo, o conteúdo das deliberações é construído pela maioria dos votos válidos dos acionistas presentes às assembleias. Por isso, de nada adianta possuir a maioria do capital votante se os votos correspondentes às respectivas ações não forem utilizados para construir o conteúdo das deliberações assembleares.

Considerando que o artigo 125 da Lei nº 6.404/76 prevê a possibilidade de instalação das assembleias gerais, em primeira convocação, com a presença de acionistas que representem apenas 25% do capital votante e, em segunda convocação, com qualquer número de acionistas, é forçoso reconhecer que, caso a maioria acionária seja omissa ou ausente, é perfeitamente possível a verificação do controle minoritário. Destaque-se, ainda, que, no que diz respeito às matérias sujeitas ao quórum qualificado estabelecido pelo artigo 136 da Lei nº 6.404/76, há possibilidade de redução do quórum legal pela Comissão de Valores Mobiliários em razão do absenteísmo reiterado. Veja-se o que dispõe o § 2º do referido artigo 136:

> § 2º. A Comissão de Valores Mobiliários pode autorizar a redução do quorum previsto neste artigo no caso de companhia aberta com a propriedade das ações dispersa no mercado, e cujas 3 (três) últimas assembleias tenham sido realizadas com a presença de acionistas representando menos da metade das ações com direito a voto. Neste caso, a autorização da Comissão de Valores Mobiliários será mencionada nos avisos de convocação e a deliberação com quorum reduzido somente poderá ser adotada em terceira convocação.

---

[105] COMPARATO, Fábio Konder; SALOMÃO FILHO, Calixto. *O Poder de Controle na Sociedade Anônima*. Rio de Janeiro: Forense, 2008, p. 68.

Registre-se que os regulamentos do Novo Mercado[106] e do Nível 2 de Governança Corporativa[107] da Bovespa definem "Controle Difuso" como o poder de controle exercido por acionista detentor de menos de 50% do capital social, assim como por grupo de acionistas que não seja signatário de acordo de votos e que não esteja sob controle comum e nem atue representando um interesse comum.

Adicionalmente, Luiz Leonardo Cantidiano entende tratar-se "de um mecanismo específico de mercado para que, independentemente de qualquer negociação com o controlador da companhia e, até mesmo contra sua vontade, o pretendente venha a deter o poder da sociedade, através da aquisição original do controle"[108]. Nesse caso, considera-se a existência de um controlador "minoritário", ou seja, de um acionista ou grupo de acionistas que possui menos de 50% mais uma das ações de emissão da companhia, mas que, em razão da sua participação societária e devido ao nível de dispersão acionária e ao absenteísmo dos demais acionistas, acaba por fazer preponderar sua vontade nas assembleias gerais da companhia.

No entanto, tal controle minoritário pode ser interpretado como um controle "instável", uma vez que pode deixar de existir repentinamente, em razão da formação de grupos que congreguem maior percentual de participação, ou de uma OPA para aquisição de controle bem-sucedida. Daí o entendimento de que a aquisição de controle por meio de OPA é "originária", uma vez que não há na outra ponta um controlador majoritário que aliena as ações que lhe garantem o poder de controle, mas sim uma pluralidade de acionistas que, sozinhos, não possuem ações suficientes para exercer tal poder.

---

[106] BM&FBOVESPA. *Regulamento de listagem do Novo Mercado*. Disponível em: <http://www.bmfbovespa.com.br/pt_br/listagem/acoes/segmentos-de-listagem/novo-mercado/>. Acesso em 23 dez. 2016.

[107] BM&FBOVESPA. *Regulamento de listagem do Nível 2 de Governança Corporativa*. Disponível em: <http://www.bmfbovespa.com.br/pt_br/listagem/acoes/segmentos-de-listagem/nivel-2/>. Acesso em 23 dez. 2016.

[108] CANTIDIANO, Luiz Leonardo. A alienação e aquisição de controle. *Revista de Direito Bancário e do Mercado de Capitais*, São Paulo, v. 9. n. 34, p. 341, out./dez. 2006.

2.2.3. Controle gerencial

O denominado controle administrativo ou gerencial não se baseia na titularidade de ações, mas sim no poder diretivo, ou seja, nas prerrogativas gerenciais. Essa cisão entre propriedade e controle ocorre na exata medida em que o controle de fato da companhia desloca-se crescentemente para os executivos, em função da acentuada dispersão da propriedade das ações.

O controle gerencial, portanto, se manifesta nas companhias em que a propriedade das ações está tão dispersa que nenhum acionista (ou pequeno grupo de acionistas) possui sequer interesse suficiente para influenciar o rumo dos negócios da companhia[109].

Nessa modalidade de controle, tendo em vista o alto grau de dispersão acionária da companhia, os administradores assumem, com o apoio dos acionistas (mediante a outorga de procurações para votação em assembleia), o poder de controle de fato da companhia.

Assim, nas companhias cujo controle é exercido pela administração, existe a possibilidade de os administradores se perpetuarem no poder mediante a utilização de mecanismos de representação de acionistas em assembleia (pedido público de procuração[110]), hipótese em que se explora, ao máximo, o absenteísmo acionário[111].

Sobre esse aspecto, vale mencionar a lição de José Alexandre Tavares Guerreiro:

> Exemplo clássico da dissociação entre propriedade e controle, o chamado poder gerencial acentua, de maneira particularmente ilustrativa, instituição de uma possível dominação burocrática em que a crença na legitimidade, de forma mais intensa, depende da estrutura formal da sociedade anônima e dos mecanismos legais capazes de assegurar o domínio. Dentre esses últimos, avultam os pedidos de procurações (*proxy solicitations*), formulados pelos administradores para se manterem no poder, e admitidos por nossa lei

---

[109] BERLE, Adolf A.; MEANS, Gardiner C. *A moderna sociedade anônima e a propriedade privada.* Tradução de Dinah de Abreu Azevedo. São Paulo: Nova Cultural, 1988, p. 94.

[110] Os pedidos públicos de procuração são regulados pelo art. 126, § 2º, da Lei nº 6.404/76 e pela Instrução CVM nº 481/2009.

[111] COMPARATO, Fábio Konder; SALOMÃO FILHO, Calixto. *O Poder de Controle na Sociedade Anônima.* Rio de Janeiro: Editora Forense, 2008, p. 72.

de 1976 (art. 126, § 2º). Mas é imperioso reconhecer que o *management control* somente se estabiliza (e propicia a dominação) quando tem o suporte das *proxies*, ou seja, quando não lhe falta o apoio dos acionistas[112].

Ainda a respeito da perpetuação da administração no controle da companhia, escreveram Adolf A. Berle e Gardiner C. Means:

> Com quem está o controle dessas companhias? Para responder a essa questão, é necessário examinar muito detalhadamente as condições subjacentes à eleição do conselho de diretores. Nessa eleição, o acionista costuma ter três alternativas. Pode abster-se de votar, pode comparecer à assembleia anual e votar pessoalmente ou pode assinar uma procuração transferindo seu poder de voto a certos indivíduos selecionados pela administração da empresa que formam o comitê de procuradores. Como seu voto pessoal conta pouco ou nada na assembleia, a menos que possua um lote muito grande de ações, o acionista está praticamente reduzido à alternativa de não votar ou de transferir seu voto a indivíduo sobre os quais não tem nenhum controle e de cuja escolha não participou. Em nenhum dos casos conseguirá exercer qualquer grau de controle. Ao contrário, o controle tenderá a estar em mãos daqueles que selecionam o comitê de procuradores que, por sua vez, pode eleger os diretores para o período seguinte. Como o comitê de procuradores é designado pela administração vigente, esta pode virtualmente determinar seus sucessores. Onde a propriedade está dividida o bastante, a administração pode, desse modo, tornar-se um organismo autoperpetuador, mesmo que sua participação na propriedade seja desprezível. Essa forma de controle pode ser adequadamente chamada de "controle administrativo"[113].

Walfrido Jorge Warde Júnior e Rodrigo Monteiro de Castro entendem que o controle gerencial seria uma forma de controle empresarial e não

---

[112] GUERREIRO, José Alexandre Tavares. Sociedade anônima: poder e dominação. *Revista de Direito Mercantil, Industrial, Econômico e Financeiro*, São Paulo, n. 53, p. 78, jan./mar.1984.
[113] BERLE, Adolf A; MEANS, Gardiner C. *A moderna sociedade anônima e a propriedade privada*. Tradução de Dinah de Abreu Azevedo. São Paulo: Nova Cultural, 1988, p. 97.

O PODER DE CONTROLE E A RESPONSABILIDADE DO CONTROLADOR

societário, porquanto, na visão dos autores, "é um poder da administração (logo, da sociedade), sobre a empresa e os meios de produção"[114].

Nos anos 80, período em que praticamente todas as companhias abertas brasileiras apresentavam um alto índice de concentração acionária, Nelson Eizirik manifestou sua opinião no sentido de que "no caso das companhias brasileiras, é absolutamente incorreto cogitar-se da existência de controle gerencial"[115].

Após mais de vinte e cinco anos da opinião acima mencionada, atualmente pode-se dizer que esse cenário está se modificando. Em razão das recentes pulverizações de capital realizadas por companhias abertas no mercado nacional, já existem companhias com capital altamente disperso, o que torna o controle gerencial algo factível no âmbito das companhias brasileiras[116].

2.2.4. Controle externo

Pode-se definir o que se chama de "controle externo" como sendo o controle que seria exercido por pessoa alheia ao quadro acionário da companhia, em decorrência de arranjos contratuais. Poder-se-ia cogitar, como exemplos, os casos de credores e fornecedores que, em razão de disposições contratuais exerceriam influência tão significativa sobre o processo

---

[114] WARDE JÚNIOR, Walfrido Jorge; CASTRO, Rodrigo Rocha Monteiro de. Poderes de controle no âmbito da companhia. *In:* CASTRO, Rodrigo Rocha Monteiro de; WARDE JÚNIOR, Walfrido Jorge; GUERREIRO, Carolina Dias Tavares. (Coord). *Direito empresarial e outros estudos de direito em homenagem ao Professor José Alexandre Tavares Guerreiro.* São Paulo: Quartier Latin, 2013, p. 502.

[115] EIZIRIK, Nelson. O mito do "controle gerencial" – alguns dados empíricos. *Revista de Direito Mercantil, Industrial, Econômico e Financeiro*, São Paulo, n. 66, abr./jun. 1987, p. 104.

[116] A KPMG Risk Advisory Services Ltda., sociedade integrante do Grupo KPMG, divulgou em dezembro de 2016 um estudo a respeito da "Governança Corporativa e o Mercado de Capitais Brasileiro", realizado com base nos formulários de referência de 124 companhias listadas no Novo Mercado, 21 listadas no Nível 2, 28 no Nível 1 e 50 no segmento básico da BM&FBovespa. Referido estudo apontou que 34% das companhias listadas no Novo Mercado e 14% das companhias listadas no segmento básico apresentam "controle pulverizado", não tendo indicado, contudo, qual o critério utilizado para a definição de "controle pulverizado" (KPMG. ACI – Audit Committee Institute. *A Governança Corporativa e o Mercado de Capitais.* Disponível em: <https://assets.kpmg.com/content/dam/kpmg/br/pdf/2016/12/br-estudo-governanca-corporativa-2016-2017-11a-edicao-final.pdf>. Acesso em 28 dez. 2016).

decisório da sociedade que acabariam "comandando" de fato a atividade empresarial da companhia.

Geralmente, em contratos de financiamento que envolvem valores relevantes, o credor exige a inserção de cláusulas que limitam sobremaneira o poder decisório dos acionistas, cuja infração pode acarretar, por exemplo, o vencimento antecipado da dívida ou a conversão da dívida em capital da companhia, com a consequente emissão de novas ações em favor do credor.

Assim, o credor ou fornecedor, conforme o caso, sujeitaria a tomada de determinada deliberação pelos acionistas (*e.g.* incorporação de sociedade, aumento e redução do capital social) ou a prática de determinada conduta pela companhia (*e.g.* aumento de seu endividamento a nível superior a determinado índice) à sua prévia e expressa aprovação.

Não obstante o fato de o "controle externo" ser visto como controle empresarial, uma vez que representaria uma influência dominante de modo permanente sobre as atividades da empresa[117], entende-se que não se trata de controle propriamente dito, mas de influência significativa, uma vez que o titular dessa influência (credor ou fornecedor) não tem a capacidade de determinar, de forma unilateral, os rumos da companhia, porquanto não possui ações suficientes para fazer preponderar sua vontade nas deliberações sociais. Assim, os acionistas, ainda que sujeitos a penalidades contratuais, possuem a prerrogativa de impor suas decisões nas assembeias gerais.

O Superior Tribunal de Justiça já se pronunciou sobre a matéria em julgado de 1992 que analisou o pleito de responsabilidade por abuso de controle decorrente da relação contratual entre uma transmissora de televisão e uma de suas retransmissoras, tendo concluído pela inexistência de controle externo. Veja-se o seguinte trecho do voto do relator, Ministro Dias Trindade:

> E que não se trata de sociedade bastaria a demonstração de que falta o elemento de participação social de uma em outra das contratantes, como, de

---

[117] Nesse sentido, v. COMPARATO, Fábio Konder; SALOMÃO FILHO, Calixto. *O Poder de Controle na Sociedade Anônima*. Rio de Janeiro: Editora Forense, 2008, p. 90-91 e MACEDO. Ricardo Ferreira de. *Controle não societário*. Rio de Janeiro: Renovar, 2004, p. 145-148.

resto, se acha expresso, até por excesso, no corpo do contrato, ao se dispor sobre a inexistência de vínculo societário entre as pactuantes.

De ver, por conseguinte, que a recorrida não participa da constituição acionária da recorrente, o que serve a indicar que não poderia encontrar-se naquela posição de "acionista controlador", definido no art. 116 da Lei 6.404/76 [...].

[...]

E somente o acionista controlador, tal como definido acima, é que responde por danos decorrentes de exercício abusivo de seu poder, como reza o art. 117 da lei societária[118].

Vale transcrever, também, o seguinte trecho do voto-vista proferido pelo Ministro Nilson Naves no mesmo julgamento:

[...] ficou-me a noção de que, no caso, inexiste vínculo societário, tornando-se difícil aceitar, em face do nosso sistema jurídico, a existência de "grupo econômico com subordinação externa"[119].

Entende-se, portanto, que, para fins de responsabilização por exercício abusivo do poder de controle, a participação societária e o exercício efetivo do poder de controle são fatores indispensáveis, não sendo possível tal responsabilização, nos termos do artigo 117 da Lei nº 6.404/76 a terceiros estranhos ao quadro acionário da companhia.

2.3. Deveres e responsabilidades do acionista controlador

Na esfera institucional, a empresa reflete o interesse privado ao perquirir uma atividade lucrativa, a qual contribui para a manutenção da subsistência da população ativa por meio da oferta de trabalho assalariado, além de servir como uma fonte de renda para o Estado via receitas fiscais. As duas dimensões da empresa – a institucional e social – por um lado, e a dimensão econômica por outro, devem coexistir, atendendo, simultaneamente,

---

[118] BRASIL. Superior Tribunal de Justiça. REsp 15247/RJ. Terceira Turma. Rel. Min. Dias Trindade. julg. em 10 dez. 1991, DJ 17 fev. 1992.
[119] Ibidem.

aos interesses privados de seus titulares e aos interesses sociais por meio da geração de benefícios para a coletividade e para o Estado[120].

O adjetivo "social", incorporado na expressão função social da empresa, indica justamente que o fim da empresa deve também atender ao interesse coletivo e não tão somente ao interesse próprio daquele que obtém o controle do exercício da empresa, embora não exista impedimento para que estes possam convergir[121].

Conforme leciona Fábio Konder Comparato, o poder de controle corresponde a um *direito-função*, na medida em que é conferido ao controlador para a realização de finalidades determinadas[122].

No que diz respeito às sociedades anônimas, a Lei n° 6.404/76 é expressa ao estabelecer que o acionista controlador deverá pautar sua conduta tendo como norte a função social da companhia. Veja-se o que determina o parágrafo único do artigo 116 da referida lei:

> O acionista controlador deve usar o poder com o fim de fazer a companhia realizar o seu objeto e cumprir sua função social, e tem deveres e responsabilidades para com os demais acionistas da empresa, os que nela trabalham e para com a comunidade em que atua, cujos direitos e interesses deve lealmente respeitar e atender.

Dessa forma, o parágrafo único do artigo 116 da Lei n° 6.404/76 desenvolve o conceito de interesse social, diverso do interesse do acionista controlador, devendo este último utilizar seu poder de controle para atingir aos anseios desse interesse social. Sobre o tema, vejam-se os comentários de Nelson Eizirik:

> O interesse social não pode ser reduzido ao interesse de cada um dos acionistas, mas sim ao seu interesse comum de realização do escopo social. A especificidade da comunhão de interesses na sociedade anônima consiste

---

[120] JUNIOR, Ecio Perin. *Preservação da Empresa na Lei de Falências*. São Paulo: Saraiva, 2009, p. 19-20.

[121] COMPARATO, Fabio Konder. Função social da propriedade dos bens de produção. *Revista de Direito Mercantil, Industrial, Econômico e Financeiro*, São Paulo, n. 63, p. 75, jul./set. 1986.

[122] COMPARATO, Fábio Konder; SALOMÃO FILHO, Calixto. *O Poder de Controle na Sociedade Anônima*. Rio de Janeiro: Forense, 2008, p. 361.

O PODER DE CONTROLE E A RESPONSABILIDADE DO CONTROLADOR

no fato de ser ela uma comunhão voluntária de interesses. Os sócios reúnem-se para realizar um propósito comum, cujo objetivo final é a produção de lucros e sua repartição entre eles[123].

Há que se registrar a dificuldade de se definir de forma precisa a noção de interesse social, face à multiplicidade de interpretações que tal conceito pode gerar. Sem embargo, cumpre destacar a reflexão de Ana Frazão sobre esse aspecto:

> Assim, por mais que não se possa definir ou conceituar o interesse social a partir de fórmulas fechadas, algumas noções passaram a ser aceitas por influência do institucionalismo e da função social da empresa, tais como:
> (i) a de que o interesse social abrange interesses outros que não apenas os dos acionistas, ainda que subsistam muitas dúvidas quanto aos caminhos adequados para a compatibilização de tais interesses, e
> (ii) a de que a racionalidade empresarial precisa direcionar-se igualmente para o atendimento de padrões mínimos de justiça.
> Essa nova conclusão não pode levar, entretanto, à conclusão de que os acionistas devam ser preteridos ou subordinados incondicionalmente aos demais interesses que se projetam sobre a empresa. Se assim fosse, haveria uma indevida publicização da atividade empresarial, o que é frontalmente repelido pela Constituição brasileira, a exemplo do que ocorre em diversos outros países[124].

Assim, o dever de agir no interesse da companhia impõe ao acionista controlador que paute sua atuação na busca pela obtenção de benefícios econômicos para a companhia e na consequente distribuição de resultados, mediante a consecução do objeto social, que é a razão da existência da sociedade. Em resumo, o controlador deve servir como instrumento para promoção da função social da empresa.

O acionista controlador atua e interage com a companhia por meio de sua participação nas assembleias gerais, ambiente no qual, conforme já se explorou acima, o controlador exerce seu direito e voto e faz pre-

---

[123] EIZIRIK, Nelson. *A Lei das S/A comentada*. Vol. I. São Paulo: Quartier Latin, 2011, p. 678.
[124] FRAZÃO, Ana. *Função social da empresa. Repercussões sobre a responsabilidade civil de controladores e administradores de S/As*. Rio de Janeiro: Renovar, 2011, p. 206-207.

ponderar sua vontade nos conclaves. Desse modo, elege administradores que, segundo seu julgamento, possuem perfil adequado para os respectivos cargos e visões de negócio alinhadas às suas, bem como orienta e direciona, sob o ponto de vista estratégico, a condução dos negócios da companhia, por meio da aprovação de matérias relevantes constantes da ordem do dia das assembleias gerais.

Nesse contexto, o titular do poder de controle não pode exercer as prerrogativas de sua condição de forma a infringir o interesse social, sob pena de restar configurado o abuso do poder de controle, caracterizado como o exercício do poder de controle contrariamente às finalidades estabelecidas pela lei[125].

O artigo 115, § 1º, da Lei nº 6.404/76, visando resguardar situações de potencial conflito de interesses, bem como o exercício do direito de voto de forma abusiva, impede que o acionista vote nas deliberações da assembleia geral relativas ao laudo de avaliação de bens com que concorrer para a formação do capital social, à aprovação de suas contas como administrador e a quaisquer outras matérias que puderem beneficiá-lo de modo particular, ou em que tiver interesse conflitante com o da companhia.

De acordo com Paulo Cezar Aragão, "há conflito de interesses quanto os interesses existentes de diferentes sujeitos se relacionam e são incompatíveis, ou seja, quando a satisfação de uma necessidade exclui a situação favorável à satisfação de uma necessidade distinta"[126].

Ainda na linha de se resguardar situações de conflito de interesse, a Comissão de Valores Mobiliários editou, em 18 de agosto de 2006, o Parecer de Orientação nº 34[127], que manifesta o entendimento da autar-

---

[125] EIZIRIK, Nelson. et al. *Mercado de capitais – regime jurídico*. 3. ed. Rio de Janeiro: Renovar, 2011, p. 400.

[126] ARAGÃO, Paulo Cezar. Apontamentos sobre desvios no exercício do direito de voto: abuso de direito, benefício particular e conflito de interesses. *In:* CASTRO, Rodrigo Monteiro de; WARDE JÚNIOR, Walfrido Jorge; TAVARES GUERREIRO, Carolina Dias. (Coord.). *Direito empresarial e outros estudos de direito em homenagem ao Professor José Alexandre Tavares Guerreiro*. São Paulo: Quartier Latin, 2013, p. 189.

[127] BRASIL. COMISSÃO DE VALORES MOBILIÁRIOS. Parecer de Orientação nº 34, de 18 de agosto de 2006. Impedimento de voto em casos de benefício particular em operações de incorporação e incorporação de ações em que sejam atribuídos diferentes valores para as ações de emissão de companhia envolvida na operação, conforme sua espécie, classe ou titularidade. Interpretação do §1º do art. 115 da Lei 6.404/76.

quia com relação à interpretação do §1º do artigo 115 da Lei nº 6.404/76, no sentido do impedimento de voto em casos de benefício particular em operações de incorporação e incorporação de ações em que sejam atribuídos diferentes valores para as ações de emissão de companhia envolvida na operação, conforme sua espécie, classe ou titularidade.

A lei societária preceitua hipóteses de exercício abusivo do poder de controle, bem como estabelece a responsabilidade do controlador quando agir de tal modo, conforme se aprofundará no item a seguir.

2.3.1 Responsabilidade por abuso do poder de controle

O artigo 117 da Lei nº 6.404/76 prevê a responsabilidade do acionista controlador por atos praticados com abuso de poder. Tal abuso caracteriza-se pela infração, no âmbito do exercício do poder de controle, dos deveres que a lei lhe impõe em razão dessa posição. Assim, sempre que o acionista controlador utilizar o poder de comando da companhia em benefício próprio ou de terceiros, em prejuízo da sociedade e dos demais acionistas, restará caracterizado o abuso do poder de controle.

O parágrafo primeiro do artigo 117 da Lei nº 6.404/76, consigna exemplos de abuso de poder. Veja-se:

§ 1º. São modalidades de exercício abusivo de poder:

a) orientar a companhia para fim estranho ao objeto social ou lesivo ao interesse nacional, ou levá-la a favorecer outra sociedade, brasileira ou estrangeira, em prejuízo da participação dos acionistas minoritários nos lucros ou no acervo da companhia, ou da economia nacional;

b) promover a liquidação de companhia próspera, ou a transformação, incorporação, fusão ou cisão da companhia, com o fim de obter, para si ou para outrem, vantagem indevida, em prejuízo dos demais acionistas, dos que trabalham na empresa ou dos investidores em valores mobiliários emitidos pela companhia;

c) promover alteração estatutária, emissão de valores mobiliários ou adoção de políticas ou decisões que não tenham por fim o interesse da companhia e visem a causar prejuízo a acionistas minoritários, aos que trabalham na empresa ou aos investidores em valores mobiliários emitidos pela companhia;

d) eleger administrador ou fiscal que sabe inapto, moral ou tecnicamente;

e) induzir, ou tentar induzir, administrador ou fiscal a praticar ato ilegal, ou, descumprindo seus deveres definidos nesta Lei e no estatuto, promover, contra o interesse da companhia, sua ratificação pela assembleia-geral;

f) contratar com a companhia, diretamente ou através de outrem, ou de sociedade na qual tenha interesse, em condições de favorecimento ou não equitativas;

g) aprovar ou fazer aprovar contas irregulares de administradores, por favorecimento pessoal, ou deixar de apurar denúncia que saiba ou devesse saber procedente, ou que justifique fundada suspeita de irregularidade.

h) subscrever ações, para os fins do disposto no art. 170, com a realização em bens estranhos ao objeto social da companhia.

A Comissão de Valores Mobiliários, por sua vez, enumerou outras 15 condutas que considera como exercício abusivo do poder de controle, as quais se encontram tipificadas no artigo 1º da Instrução CVM 323/2000[128] e cuja realização caracteriza infração grave, para fins de aplicação das penalidades previstas no artigo 11 da Lei nº 6.385/76. Tais condutas são as seguintes:

I – a denegação, sob qualquer forma, do direito de voto atribuído, com exclusividade, por lei, pelo estatuto ou por edital de privatização, aos titulares de ações preferenciais ou aos acionistas minoritários, por parte de acionista controlador que detenha ações da mesma espécie e classe das votantes;

II – a realização de qualquer ato de reestruturação societária, no interesse exclusivo do acionista controlador;

III – a alienação de bens do ativo, a constituição de ônus reais, a prestação de garantias, bem como a cessação, a transferência ou a alienação, total ou parcial, de atividades empresariais, lucrativas ou potencialmente lucrativas, no interesse preponderante do acionista controlador;

IV – a obtenção de recursos através de endividamento ou por meio de aumento de capital, com o posterior empréstimo desses recursos, no todo

---

[128] BRASIL. Comissão de Valores Mobiliários. Instrução nº 323, de 19 de janeiro de 2000. Define hipóteses de exercício abusivo do poder de controle e de infração grave. Disponível em: <http://www.cvm.gov.br>. Acesso em 15 dez. 2016.

O PODER DE CONTROLE E A RESPONSABILIDADE DO CONTROLADOR

ou em parte, para sociedades sem qualquer vínculo societário com a companhia, ou que sejam coligadas ao acionista controlador ou por ele controladas, direta ou indiretamente, em condições de juros ou prazos desfavoráveis relativamente às prevalecentes no mercado, ou em condições incompatíveis com a rentabilidade média dos ativos da companhia;

V – a celebração de contratos de prestação de serviços, inclusive de gerência e de assistência técnica, com sociedades coligadas ao acionista controlador ou por ele controladas, em condições desvantajosas ou incompatíveis às de mercado;

VI – a utilização gratuita, ou em condições privilegiadas, de forma direta ou indireta, pelo acionista controlador ou por pessoa por ele autorizada, de quaisquer recursos, serviços ou bens de propriedade da companhia ou de sociedades por ela controladas, direta ou indiretamente;

VII – a utilização de sociedades coligadas ao acionista controlador ou por ele controladas, direta ou indiretamente, como intermediárias na compra e venda de produtos ou serviços prestados junto aos fornecedores e clientes da companhia, em condições desvantajosas ou incompatíveis às de mercado;

VIII – a promoção de diluição injustificada dos acionistas não controladores, por meio de aumento de capital em proporções quantitativamente desarrazoadas, inclusive mediante a incorporação, sob qualquer modalidade, de sociedades coligadas ao acionista controlador ou por ele controladas, ou da fixação do preço de emissão das ações em valores substancialmente elevados em relação à cotação de bolsa ou de mercado de balcão organizado;

IX – a promoção de alteração do estatuto da companhia, para a inclusão do valor econômico como critério de determinação do valor de reembolso das ações dos acionistas dissidentes de deliberação da assembleia geral, e a adoção, nos doze meses posteriores à dita alteração estatutária, de decisão assemblear que enseje o direito de retirada, sendo o valor do reembolso menor ao que teriam direito os acionistas dissidentes se considerado o critério anterior;

X – a obstaculização, por qualquer modo, direta ou indiretamente, à realização da assembleia geral convocada por iniciativa do conselho fiscal ou de acionistas não controladores;

XI – a promoção de grupamento de ações que resulte em eliminação de acionistas, sem que lhes seja assegurada, pelo acionista controlador, a faculdade de permanecerem integrando o quadro acionário com, pelo menos, uma

A RESPONSABILIDADE DO COTISTA DE FUNDO DE INVESTIMENTO EM PARTICIPAÇÕES

unidade nova de capital, caso esses acionistas tenham manifestado tal intenção no prazo estabelecido na assembleia geral que deliberou o grupamento;

XII – a instituição de plano de opção de compra de ações, para administradores ou empregados da companhia, inclusive com a utilização de ações adquiridas para manutenção em tesouraria, deixando a exclusivo critério dos participantes do plano o momento do exercício da opção e sua venda, sem o efetivo comprometimento com a obtenção de resultados, em detrimento da companhia e dos acionistas minoritários;

XIII – a compra ou a venda de valores mobiliários de emissão da própria companhia, de forma a beneficiar um único acionista ou grupo de acionistas;

XIV – a compra ou a venda de valores mobiliários em mercado, ou privadamente, pelo acionista controlador ou pessoas a ele ligadas, direta ou indiretamente, sob qualquer forma, com vistas à promoção, pelo acionista controlador, do cancelamento do registro de companhia aberta;

XV – a aprovação, por parte do acionista controlador, da constituição de reserva de lucros que não atenda aos pressupostos para essa constituição, assim como a retenção de lucros sem que haja um orçamento que, circunstanciadamente, justifique essa retenção.

O Superior Tribunal de Justiça já decidiu no sentido de que o rol de modalidades de exercício abusivo do poder de controle constante do artigo 117, § 1º, da Lei nº 6.404/76 é meramente exemplificativo, podendo a autoridade competente para apreciar a conduta supostamente abusiva (o Poder Judiciário e a Comissão de Valores Mobiliários, por exemplo) considerar abusivas outras atitudes perpetradas pelo acionista controlador. Tal entendimento, portanto, também é aplicável às hipóteses previstas na Instrução CVM nº 323/2000, podendo a autarquia, casuisticamente, considerar como abuso de poder de controle situação não expressamente prevista naquele normativo. Veja-se o entendimento do STJ:

RECURSO ESPECIAL. DIREITO PROCESSUAL CIVIL E DIREITO SOCIETÁRIO. ART. 117, § 1º, DA LEI N.º 6.404/76 (LEI DAS SOCIEDADES). MODALIDADES DE ABUSO DE PODER DE ACIONISTA CONTROLADOR. FORMA EXEMPLIFICATIVA. CARACTERIZAÇÃO DO ABUSO DE PODER. PROVA DO DANO. PRECEDENTE. MONTANTE DO DANO CAUSADO PELO ABUSO DE PODER DO ACIONISTA CONTROLADOR. FIXAÇÃO EM LIQUIDAÇÃO DE SENTENÇA. POSSIBILIDADE.

O PODER DE CONTROLE E A RESPONSABILIDADE DO CONTROLADOR

– O § 1º, do art. 117, da Lei das Sociedades Anônimas enumera as modalidades de exercício abusivo de poder pelo acionista controlador de forma apenas exemplificativa. Doutrina.

– A Lei das Sociedades Anônimas adotou padrões amplos no que tange aos atos caracterizadores de exercício abusivo de poder pelos acionistas controladores, porquanto esse critério normativo permite ao juiz e às autoridades administrativas, como a Comissão de Valores Mobiliários (CVM), incluir outros atos lesivos efetivamente praticados pelos controladores.

– Para a caracterização do abuso de poder de que trata o art. 117 da Lei das Sociedades por ações, ainda que desnecessária a prova da intenção subjetiva do acionista controlador em prejudicar a companhia ou os minoritários, é indispensável a prova do dano.

Precedente.

– Se, não obstante, a iniciativa probatória do acionista prejudicado, não for possível fixar, já no processo de conhecimento, o montante do dano causado pelo abuso de poder do acionista controlador, esta fixação deverá ser deixada para a liquidação de sentença.

Recurso especial provido[129].

Também caracteriza abuso do poder de controle a omissão, sempre que, em razão do seu *direito-função*, o acionista controlador deva agir e não o faça[130]. Com efeito, a norma contida no parágrafo único do artigo 116 da Lei nº 6.404/76 estabelece uma obrigação de agir a quem exerce o controle societário, cujo descumprimento importa em abuso do poder de controle.

O sistema jurídico prevê, como remédios ao abuso do poder de controle, (i) a indenização de perdas e danos, caso seja possível comprovar os prejuízos causados pelo exercício abusivo do controle; e (ii) a responsabilidade administrativa perante da Comissão de Valores Mobiliários, no

---

[129] BRASIL. Superior Tribunal de Justiça. REsp 798.264/SP, Rel. Ministro Carlos Alberto Menezes Direito, Rel. p/ Acórdão Ministra Nancy Andrighi, Terceira Turma, julg. em 06 fev. 2007, DJ 16 abr. 2007, p. 189.

[130] Nesse sentido, veja-se Frazão, Ana. *Função social da empresa. Repercussões sobre a responsabilidade civil de controladores e administradores de S/As.* Rio de Janeiro: Renovar, 2011, p. 329. No mesmo sentido: Comparato, Fábio Konder; Salomão Filho, Calixto. *O Poder de Controle na Sociedade Anônima.* Rio de Janeiro: Editora Forense, 2008, p. 392-393.

A RESPONSABILIDADE DO COTISTA DE FUNDO DE INVESTIMENTO EM PARTICIPAÇÕES

caso das companhias abertas, em razão da competência que lhe atribui o artigo 4º, IV, b, da Lei nº 6.385/76.

Nas linhas que se seguem passa-se a tratar especificamente das hipóteses de responsabilização do acionista controlador nas esferas judicial (cível) e administrativa (perante a CVM) em decorrência de abuso do poder de controle.

2.3.1.1. A ação de reparação de danos decorrentes de exercício abusivo do poder de controle

A respeito da ação para reparação de danos causados pelo acionista controlador em razão do exercício abusivo do poder de controle, a primeira questão que se impõe refere-se à legitimidade para sua propositura.

A lei societária trata especificamente da ação social de responsabilidade em face de administradores (artigo 159) e da ação social em face da *sociedade controladora* por atos praticados em infração aos artigos 116 e 117 (artigo 246). Todavia, não disciplina a ação de responsabilidade em face de acionista controlador que não seja *sociedade controladora* nos termos do artigo 243, § 2º da Lei nº 6.404/76.

A doutrina diverge tanto a respeito da identificação do titular da ação quanto aos fundamentos utilizados para sustentar as respectivas posições.

Ana Frazão entende que a primeira legitimada a ajuizar a ação de responsabilidade seria a própria companhia, aplicando-se analogicamente o artigo 159 da Lei das S.A. No entanto, reconhecendo a dificuldade de se implementar tal ação (social) contra o controlador da companhia, admite igualmente a aplicação analógica do artigo 159, § 4º, da mesma lei, possibilitando a acionistas titulares de, pelo menos, 5% do capital social ajuizar a ação de responsabilidade em face do controlador. A autora admite, ainda, a aplicação do parágrafo único do artigo 116, que ampliaria o rol dos legitimados (acionistas da companhia, os que nela trabalham e a comunidade em que atua)[131].

O Superior Tribunal de Justiça, em julgado de 2014, referendou a possibilidade de ajuizamento de ação de responsabilidade civil em face dos acionistas controladores por acionistas titulares de ações representativas

---

[131] FRAZÃO, Ana. *Função social da empresa. Repercussões sobre a responsabilidade civil de controladores e administradores de S/As.* Rio de Janeiro: Renovar, 2011, p. 406-407.

de, pelo menos 5% do capital social, aplicando analogicamente a regra do artigo 159, § 4º, da Lei nº 6.404/76. Veja-se:

> RECURSO ESPECIAL. PROCESSUAL CIVIL E EMPRESARIAL. JULGAMENTO ANTECIPADO DA LIDE. CERCEAMENTO DE DEFESA (CPC, ART. 130). NÃO OCORRÊNCIA. SOCIEDADE ANÔNIMA. AÇÃO DE RESPONSABILIDADE CIVIL CONTRA ADMINISTRADOR (LEI 6.404/76, ART. 159) OU ACIONISTAS CONTROLADORES (APLICAÇÃO ANALÓGICA): AÇÃO SOCIAL *UT UNIVERSI* E AÇÃO SOCIAL *UT SINGULI* (LEI 6.404/76, ART. 159, § 4º). DANOS CAUSADOS DIRETAMENTE À SOCIEDADE. AÇÃO INDIVIDUAL (LEI 6.404/76, ART. 159, § 7º). ILEGITIMIDADE ATIVA DE ACIONISTA. RECURSO PROVIDO. 1. O art. 130 do CPC trata de faculdade atribuída ao juiz da causa de poder determinar as provas necessárias à instrução do processo. O julgamento antecipado da lide, no entanto, por entender o magistrado encontrar-se maduro o processo, não configura cerceamento de defesa. 2. Não viola os arts. 459 e 460 do CPC a decisão que condena o réu ao pagamento de valor determinado, não obstante constar do pedido inicial a apuração do valor da condenação na execução da sentença. 3. Aplica-se, por analogia, a norma do art. 159 da Lei n. 6.404/76 (Lei das Sociedades Anônimas) à ação de responsabilidade civil contra os acionistas controladores da companhia por danos decorrentes de abuso de poder. 4. Sendo os danos causados diretamente à companhia, são cabíveis as ações sociais *ut universi* e *ut singuli*, esta obedecidos os requisitos exigidos pelos §§ 3º e 4º do mencionado dispositivo legal da Lei das S/A. 5. Por sua vez, a ação individual, prevista no § 7º do art. 159 da Lei 6.404/76, tem como finalidade reparar o dano experimentado não pela companhia, mas pelo próprio acionista ou terceiro prejudicado, isto é, o dano direto causado ao titular de ações societárias ou a terceiro por ato do administrador ou dos controladores. Não depende a ação individual de deliberação da assembleia geral para ser proposta. 6. É parte ilegítima para ajuizar a ação individual o acionista que sofre prejuízos apenas indiretos por atos praticados pelo administrador ou pelos acionistas controladores da sociedade anônima. 7. Recurso especial provido[132].

---

[132] BRASIL. Superior Tribunal de Justiça. REsp 1.214.497/RS. Quarta Turma. Rel. Min. João Otávio de Noronha. Rel. p/ Acórdão Min. Raul Araújo, julg. em 23 set. 2014, DJe 06 nov. 2014.

Por outro lado, Calixto Salomão Filho, em nota de texto na obra clássica de Fábio Konder Comparato, concorda com a conclusão do autor no sentido de que se pode aplicar por analogia o artigo 246, § 1º da Lei das S.A., possibilitando a qualquer acionista promover a ação de perdas e danos no interesse da companhia contra o controlador, e vai além, considerando legítimos para propor a ação as pessoas referidas no parágrafo único do artigo 116 sob o argumento de que se trata de hipótese de legitimação ativa ordinária[133].

Eduardo Secchi Munhoz, por sua vez, entende que a legitimidade para propositura da ação de responsabilidade perante o controlador é exclusiva dos acionistas porquanto a lei, apesar de definir os interesses protegidos, como o dos trabalhadores e da comunidade local, não endereçou a "indispensável designação do agente legitimado para sua defesa"[134].

Há que se ponderar, no entanto, a natureza do dano – se direto ou indireto. Na hipótese de dano direto, entende-se que qualquer prejudicado por ato do controlador poderá demanda-lo, comprovando-se o respectivo dano. No entanto, sendo o dano indireto, isto é, prejudicando, em princípio, a companhia, seria mais adequado atribuir legitimidade somente aos acionistas, em aplicação analógica do artigo 246.

Assim, nos termos do artigo 246, a legitimidade para a ação de reparação caberia (i) a acionistas titulares de ações representativas de 5% ou mais do capital social ou (ii) a qualquer acionista, desde que preste caução pelas custas e honorários de advogado devidos no caso de a ação vir a ser julgada improcedente.

Na hipótese de condenação do controlador, além de reparar o dano e arcar com as custas, ele deverá pagar honorários advocatícios de 20% e prêmio de 5% ao autor da ação, ambos calculados sobre o valor da indenização.

Entende-se, portanto, que, em razão da possibilidade de ajuizamento por acionista sem a necessidade de aprovação em assembleia geral, a apli-

---

[133] COMPARATO, Fábio Konder; SALOMÃO FILHO, Calixto. *O Poder de Controle na Sociedade Anônima*. Rio de Janeiro: Editora Forense, 2008, p. 384-385. No mesmo sentido, CARVALHOSA, Modesto. Responsabilidade civil de administradores e de acionistas controladores perante a Lei das S/A. *Revista dos Tribunais*, São Paulo, v. 699, p. 43, jan. 1994.

[134] MUNHOZ, Eduardo Secchi. *Empresa contemporânea e direito societário. Poder de controle e grupos de sociedades*. São Paulo: Juarez de Oliveira, 2002, p. 41.

O PODER DE CONTROLE E A RESPONSABILIDADE DO CONTROLADOR

cação analógica do artigo 246 para fins de ajuizamento da ação de reparação em face do acionista controlador tende a ser mais eficiente do que a aplicação analógica do artigo 159, § 4º.

2.3.1.2. A responsabilidade administrativa do controlador perante a CVM

A Lei nº 6.385/76 delegou à Comissão de Valores Mobiliários o dever de exercer as atribuições prevista em lei para proteger os titulares de valores mobiliários e investidores do mercado contra atos ilegais de administradores e acionistas controladores das companhias abertas, sujeitando esses personagens expressamente à disciplina de suas normas[135].

Com efeito, nos termos do artigo 9º, V e VI da Lei nº 6.385/76, a CVM possui competência para apurar, mediante processo administrativo, atos ilegais de administradores, membros do conselho fiscal e acionistas de companhias abertas, dos intermediários e dos demais participantes do mercado, que tenham sido praticados (ou cuja omissão ocorreu) no Brasil ou que tenham causado danos a pessoas residentes no território Nacional.

Sem prejuízo da responsabilidade civil ou penal, nos termos do artigo 11 da Lei nº 6.385/76, a Comissão de Valores Mobiliários pode aplicar aos autores das infrações à Lei das S.A., à Lei nº 6.385/76, aos atos normativos por ela editados e a qualquer outra norma cujo cumprimento lhe cabe fiscalizar, as seguintes penalidades:

(i) advertência;

(ii) multa, que não poderá exceder o maior dos seguintes valores: (a) R$ 500.000,00 (quinhentos mil reais); (b) 50% do valor da emissão ou operação irregular; ou (c) três vezes o montante da vantagem econômica obtida ou da perda evitada em decorrência do ilícito;

(iii) suspensão do exercício do cargo de administrador ou de conselheiro fiscal de companhia aberta, de entidade do sistema de distribuição ou de outras entidades que dependam de autorização ou registro na Comissão de Valores Mobiliários;

---

[135] Lei nº 6.385/76, artigo 4º, IV, b e artigo 2º, § 2º.

A RESPONSABILIDADE DO COTISTA DE FUNDO DE INVESTIMENTO EM PARTICIPAÇÕES

(iv) inabilitação temporária, até o máximo de vinte anos, para o exercício dos cargos acima referidos;

(v) suspensão da autorização ou registro para o exercício das atividades de que trata a Lei nº 6.385/76;

(vi) cassação de autorização ou registro, para o exercício das atividades de que trata a Lei nº 6.385/76;

(vii) proibição temporária, até o máximo de vinte anos, de praticar determinadas atividades ou operações, para os integrantes do sistema de distribuição ou de outras entidades que dependam de autorização ou registro na Comissão de Valores Mobiliários;

(viii) proibição temporária, até o máximo de dez anos, de atuar, direta ou indiretamente, em uma ou mais modalidades de operação no mercado de valores mobiliários.

A atribuição de responsabilidade a acionista controlador pela CVM se dá por meio de processo administrativo sancionador[136], regulado pela Deliberação CVM nº 538/2008[137], no qual é assegurado o contraditório e ampla defesa aos acusados. O julgamento de tais processos é realizado pelo Colegiado da CVM em sessão pública, cabendo um voto a cada Diretor, possuindo o Presidente voto de qualidade em caso de empate.

---

[136] A respeito do processo administrativo no âmbito da CVM, Julio Ramalho Dubeux observa que "o processo administrativo sancionador ou punitivo constituiu modalidade de processo administrativo pelo qual a autoridade pública aplica penalidades administrativas às pessoas submetidas à sua regulação, em decorrência da prática de atos qualificados em lei ou em regulamento como ilícitos administrativos. Nesse sentido, a CVM está legalmente autorizada a aplicar penalidades administrativas aos participantes do mercado de capitais que infringirem a Lei 6.385/76, a Lei 6.404/76 e os normativos baixados pela própria CVM, sem prejuízo de outras normas cujo cumprimento eventualmente lhe incumba fiscalizar. Naturalmente, cumpre à CVM fazer com que seu processo administrativo sancionador observe as linhas gerais da Lei de Processo Administrativo (Lei 9.784/99), diploma que fixou os princípios básicos norteadores do processo administrativo no âmbito da administração pública federal [...]" (DUBEUX, Julio Ramalho. *A Comissão de Valores Mobiliários e os principais instrumentos regulatórios do mercado de capitais brasileiro*. Porto Alegre: Sergio Antonio Fabris Editor, 2006, p. 91).

[137] BRASIL. COMISSÃO DE VALORES MOBILIÁRIOS. Deliberação nº 538, de 5 de março de 2008. Dispõe sobre os processos administrativos sancionadores. Disponível em: <http://www.cvm.gov.br>. Acesso em 15 dez. 2016.

O PODER DE CONTROLE E A RESPONSABILIDADE DO CONTROLADOR

Da decisão proferida pelo Colegiado da CVM cabe recurso, com efeito suspensivo, ao Conselho de Recursos do Sistema Financeiro Nacional, que deve ser interposto no prazo de 30 (trinta) dias contados da ciência da decisão da CVM.

Caso a decisão transitada em julgado na esfera administrativa seja no sentido de condenar o acusado ao pagamento de multa, e esta não seja paga no vencimento (que ocorre no trigésimo dia após a data de interposição do recurso cabível ou, na hipótese de não interposição de recurso, ao trigésimo dia após o termo final do prazo para recorrer), seu valor será acrescido de juros de mora, equivalentes à taxa referencial do Sistema Especial de Liquidação e de Custódia – Selic para os títulos federais, acumulada mensalmente, até o último dia do mês anterior ao do pagamento, e de 1% (um por cento) no mês de pagamento[138].

Observe-se que, na hipótese de interposição de recurso ao Conselho de Recursos do Sistema Financeiro Nacional e este confirmar a multa aplicada pela CVM, os juros sobre ela incidentes contam-se do vencimento da obrigação, indicado na intimação da decisão da Comissão de Valores Mobiliários[139].

Na hipótese de não pagamento de multa aplicada, a CVM inscreverá o respectivo crédito em dívida ativa e o devedor no Cadastro Informativo de créditos não quitados do setor público federal (Cadin), nos termos da Lei nº 10.522/2002[140].

Com o intuito de ilustrar a atuação da CVM na aplicação de penalidades a acionistas controladores por abuso do poder de controle, apresentam-se abaixo os casos mais recentes nos quais a CVM condenou o controlador.

---

[138] Conforme estabelecido na Deliberação CVM nº 501/2006 (BRASIL. COMISSÃO DE VALORES MOBILIÁRIOS. Deliberação nº 501, de 3 de março de 2006. Dispõe sobre a incidência de juros de mora sobre débitos provenientes de multas aplicadas em Processo Administrativo Sancionador e multas cominatórias). Disponível em: <http://www.cvm. gov.br>. Acesso em 15 dez. 2016.

[139] Nos termos do item "II" da Deliberação CVM nº 501/2006.

[140] BRASIL. Lei nº 10.522, de 19 de julho de 2002. Dispõe sobre o Cadastro Informativo dos créditos não quitados de órgãos e entidades federais e dá outras providências. Disponível em: <http://www.planalto.gov.br>. Acesso em 17 dez. 2016.

A RESPONSABILIDADE DO COTISTA DE FUNDO DE INVESTIMENTO EM PARTICIPAÇÕES

No âmbito do processo CVM nº RJ2013/1402[141], julgado em julho de 2014, o Colegiado condenou acionista controlador ao pagamento de multa pecuniária no valor de R$ 300.000,00, pela aprovação, em assembleia geral, de alteração estatutária em prejuízo dos acionistas minoritários, em infração ao art. 117, §1º, alínea "c", da Lei nº 6.404/76. Nesse caso, acionista controlador aprovou, em assembleia geral extraordinária, a alteração do estatuto social da companhia para fins de retirar o direito a dividendo mínimo de determinada classe de ações preferenciais, em prejuízo dos acionistas minoritários preferencialistas, sem que fosse convocada a necessária assembleia especial a fim de aprovar ou ratificar tal alteração. Do voto da relatora, Diretora Ana Dolores Moura Carneiro de Novaes, vale citar o seguinte trecho:

> Os acionistas controladores, ao deterem o comando da companhia, a maioria absoluta dos votos nas assembleias, podem transformar interesses próprios e individuais em deliberações assembleares. O acionista controlador, pelas facilidades que tal poder propicia, pode confundir o interesse próprio com o da companhia que domina. Bulhões Pedreira e Lamy Filho (2009, p. 842) ensinam que, frequentemente, o abuso do acionista controlador se reveste de vários atos, praticados no âmbito fechado da administração e cuidadosamente preparados para serem submetidos à Assembleia.
>
> Os acionistas controladores são gestores de bens alheios, podendo dispor destes. Tal posição jurídica decorre do poder de governar a companhia e formar a vontade social com a maioria assegurada em assembleia. Por isso, o parágrafo único do art. 116 dispõe que os acionistas controladores não podem buscar os seus interesses pessoais em detrimento dos interesses da companhia e de seus acionistas.
>
> O caso em tela é tão mais grave quando o acionista prejudicado é o FINOR. A Companhia recebeu incentivos fiscais do Governo Federal, fruto, portanto, de renúncia fiscal do Estado brasileiro. Os recursos do FINOR são aplicados em ações e debêntures das companhias incentivadas e destinam-se a apoiar financeiramente empreendimentos instalados ou que venham a se instalar na área de atuação da Superintendência do Desenvolvimento do

---

[141] BRASIL. COMISSÃO DE VALORES MOBILIÁRIOS. Processo Administrativo Sancionador CVM nº RJ2013/1402. Colegiado. Rel. Dir. Ana Dolores Moura Carneiro de Novaes. julg. em 22 de jul. 2014.

Nordeste – SUDENE. O FINOR busca obter retorno de seus investimentos no capital das companhias incentivadas através justamente do recebimento de dividendos. A mudança do estatuto social e a retirada unilateral de dispositivo frustram as expectativas do FINOR e, indiretamente, do Estado brasileiro, em ver os recursos aplicados retornarem aos seus cofres.

A Defesa não nega que o estatuto foi alterado para eliminar o direito dos acionistas preferencialistas classe B em receber o dividendo mínimo prioritário de 6% do capital social referente a esta classe.

[...]

O §1º do art. 117 da Lei nº 6.404/1976 enumera exemplificativamente oito casos de abuso de poder, dentre os quais está justamente a promoção de alteração estatutária que cause prejuízo a acionistas minoritários ou aos investidores em valores mobiliários emitidos pela companhia. E esse é exatamente o caso em tela. O presidente do conselho da Companhia, ao receber as reclamações do BNB e os ofícios da CVM, retrocedeu, mas não nos mesmos termos da redação original do art. 9º do Estatuto [...]. Mesmo que a redação fosse a mesma, não há como não imputar responsabilidade ao controlador pelo seu ato, podendo o retorno ao status quo anterior servir, apenas e eventualmente, como elemento atenuante na dosimetria da pena.

Pelo exposto acima, entendo que cabe razão à Acusação quanto à responsabilização do acionista controlador, [...], por abuso de poder.

Por ocasião do julgamento do processo CVM Nº 18/2010[142], em novembro de 2013, instaurado para apurar infração ao dever de diligência, ao dever de lealdade e abuso de poder de controle decorrentes de perdas com operação de troca de ativos que causou prejuízo ao patrimônio de companhia aberta, o Colegiado condenou três acionistas que controlavam a companhia, por meio de acordo de acionistas, à pena de multa individual de R$ 500.000,00, por infração aos artigos 116, parágrafo único, e 117, caput, da Lei nº 6.404/76, c/c o art. 1º, inciso III, da Instrução CVM nº 323/2000.

---

[142] BRASIL. Comissão de Valores Mobiliários. Processo Administrativo Sancionador CVM nº 18/2010. Colegiado. Rel. Dir. Ana Dolores Moura Carneiro de Novaes. julg. em 26 de nov. 2013.

A RESPONSABILIDADE DO COTISTA DE FUNDO DE INVESTIMENTO EM PARTICIPAÇÕES

Em junho de 2013, quando do julgamento do processo CVM nº 04/2009[143], o Colegiado da CVM condenou 6 acionistas integrantes do bloco de controle de instituição financeira (companhia aberta) ao pagamento de multa no valor de R$ 500.000,00 cada, pelo abuso do poder de controle na manutenção de um Conselho Consultivo inoperante, que tinha por escopo remunerar indiretamente pessoas ligadas aos acionistas controladores, em infração ao disposto no artigo 117, da Lei nº 6.404/76. Do voto da relatora, vale transcrever as seguintes passagens:

> Resta indagar se a criação deste Comitê (que seguiu todo o trâmite legal) e a sua manutenção podem ser consideradas como abuso de poder em infração ao caput do art. 117 da Lei 6.404/76, conforme alegado pela Acusação. Em apertada síntese, a Acusação entende que a falta de registro de reuniões do CC entre 12.07.1999 e 05.11.2003, a ausência de consultas formais do Conselho de Administração ao CC, a remuneração elevada em relação à contraprestação de serviços, e a composição do CC por membro das famílias controladoras são elementos que consubstanciariam o abuso do poder de controle na manutenção de um conselho consultivo inoperante.
>
> [...]
>
> O fato de a criação do CC ter sido aprovada em Assembleia do BMB não afasta per se a hipótese de abuso de poder. Afinal, os controladores podem ter respeitado a legalidade formal no procedimento de criação do CC, mas, na realidade buscavam se beneficiar (ou a seus familiares próximos) em detrimento da companhia e dos demais acionistas. Aliás, o abuso de poder frequentemente começa justamente na aprovação pela Assembleia de matérias do interesse do acionista controlador em detrimento da companhia e dos demais acionistas. Portanto, a aprovação pela Assembleia não reveste a decisão da necessária legitimidade e legalidade, não afastando a configuração do abuso de poder.
>
> O §1º do art. 117 da Lei 6.404/76 enumera exemplificativamente oito casos de abuso de poder com o objetivo de explicitar o significado da norma contida no parágrafo único do art. 116. Não há dúvida quanto à natureza exemplificativa das alíneas do art. 117 tanto pela doutrina, pela CVM, e pelo

---

[143] BRASIL. COMISSÃO DE VALORES MOBILIÁRIOS. Processo Administrativo Sancionador CVM nº 04/2009. Colegiado. Rel. Dir. Ana Dolores Moura Carneiro de Novaes. julg. em 11 de jun. 2013.

O PODER DE CONTROLE E A RESPONSABILIDADE DO CONTROLADOR

judiciário, não cabendo razão ao defendente José Longo que arguiu que a sua conduta não se enquadrava em nenhuma das alíneas do §1º do art. 117. E não poderia ser diferente. Não há como se enumerar todas as condutas possíveis que caracterizam o abuso de poder. O importante, no caso concreto, é verificar se os pressupostos do abuso de poder estão devidamente caracterizados na conduta do agente em infração aos preceitos do parágrafo único do art. 116, tal como exemplificado nas condutas das alíneas do art. 117.

Uma das formas típicas de abuso de poder, especialmente antes do advento da Lei 6.404/76, era a não distribuição de dividendos concomitantemente ao desvio de lucros na forma disfarçada de remuneração. Conforme ensina Comparato (op. cit. 1983, p. 313): "Uma maneira disfarçada de se desviarem lucros da sociedade, os quais, normalmente, deveriam aproveitar aos acionistas, consiste na exagerada remuneração dos administradores. O caso ocorre com frequência, quando estes são também os controladores e pode combinar-se, ou não, com a inadequada distribuição de dividendos".

Tendo este ponto como pano de fundo, a Lei 6.404/76 introduziu no ordenamento brasileiro o princípio de que a remuneração dos administradores deve levar "em conta o tempo dedicado às suas funções, sua competência e reputação profissional e o valor dos seus serviços no mercado" (art. 152). Este dispositivo tem como um de seus fins coibir o pagamento sob a forma de remuneração a acionistas controladores e administradores ao qual eles não fariam jus.

[...]

A Tabela 1 mostra que, em média, entre maio de 1999 e dezembro de 2005, o BMB pagou 38,2% de seu lucro como dividendo, sendo que a remuneração do CC correspondeu a 25,3% e 40,4% dos dividendos totais e dos dividendos pagos às ações ONs, respectivamente. É importante ressaltar que as famílias só tinham praticamente ações ONs, sendo pouco relevante a participação delas no capital preferencial.

[...]

A remuneração dos membros do CC é, em seu conjunto, total e flagrantemente incompatível com a experiência profissional na área financeira dos membros mencionados no parágrafo anterior, sendo claramente incompatível com a contraprestação de serviços no CC. Conforme mencionado na Tabela 2 do Relatório a este voto, a remuneração mensal dos oito vice-presidentes do CC e de seus outros nove membros era equivalente a de um diretor vice-presidente do BMB e o dobro da remuneração de um membro titular do

A RESPONSABILIDADE DO COTISTA DE FUNDO DE INVESTIMENTO EM PARTICIPAÇÕES

Conselho de Administração, respectivamente. Como justificar o pagamento de R$18 mil por mês, salário de um alto executivo financeiro à época, para a Sra. Rosa Nogueira de Araújo, com educação de 2º grau e sem experiência nenhuma no mercado financeiro, quando ela nem mesmo participou das poucas reuniões que foram registradas nos livros de atas do CC? Só um fato pode "justificar" esta remuneração: ser esposa de SVA, filho de um dos fundadores do Banco (ver organograma da família 6 ao final do Relatório).
[...]

Estes elementos estão presentes no caso concreto. Não há dúvida de que a decisão foi tomada pelos que detinham a maioria absoluta dos votos na assembleia geral que criou o CC. A criação do CC poderia até não ser considerada abusiva e mesmo do interesse da companhia como parte de um processo de profissionalização da diretoria executiva do Banco. Mas não é isso que transparece nos autos. Conforme discutido acima, há fortes e convergentes evidências de que este CC era ineficaz e a sua manutenção servia apenas para o pagamento de uma "espécie de mesada" para vários membros da família dos controladores. Finalmente, o prejuízo para a companhia e demais acionistas é evidente na forma da significativa remuneração paga por serviços não prestados adequadamente, e para os demais acionistas na forma da diminuição dos dividendos que poderiam ser distribuídos caso a companhia não tivesse suportado essa despesa indevida. Conforme mostrado nas Tabelas 1 e 2 deste voto, a remuneração do CC era relevante em relação ao montante total pago na forma de dividendos e certamente em relação à parte que cabia aos acionistas ordinaristas.

Devem, portanto, ser responsabilizadas as seguintes pessoas, acionistas controladoras à época dos fatos por terem mantido um inoperante conselho consultivo entre julho de 1999 e junho de 2006. [...]

Em setembro de 2008, foi julgado o processo CVM nº 29/05[144], no qual se apuraram irregularidades nos investimentos de controladas do Banco Excel, que capitalizaram duas sociedades, e posteriormente alienaram os respectivos controles societários por preço reduzido aos próprios controladores acusados, com prejuízos ao Banco Excel e a seus minoritários. Dois acionistas integrantes do bloco de controle que tam-

---

[144] BRASIL. COMISSÃO DE VALORES MOBILIÁRIOS. Processo Administrativo Sancionador CVM nº 29/05. Colegiado. Rel. Dir. Eli Loria. julg. em 30 set. 2008.

O PODER DE CONTROLE E A RESPONSABILIDADE DO CONTROLADOR

bém exerciam cargos de administração da companhia aberta foram condenados ao pagamento de multa no valor de R$ 23.997.788,00 cada, por desvio de deveres de acionista controlador e abuso do poder de controle e, no âmbito do exercício dos cargos de administração, por falta de cuidado e diligência, quebra do dever de lealdade, desvio de poder e desvio de finalidade no exercício das funções de administrador.

Vale mencionar, também, a decisão do Colegiado no julgamento do processo CVM nº RJ2008/1815 em junho de 2009, no qual a sociedade controladora da M&G Poliéster S/A foi condenada, por infração ao parágrafo único do artigo 116 da Lei nº 6.404/76, à pena de multa pecuniária no valor de R$ 45.768.546,06, correspondente a uma vez o montante da vantagem econômica obtida ao constituir empresa concorrente sem o oferecimento da oportunidade comercial a sua controlada[145].

2.4. Outras possibilidades de responsabilização do acionista controlador

Além da responsabilidade por abuso do poder controle prevista na Lei nº 6.404/76, conforme analisado acima, o acionista controlador também está sujeito a outras responsabilidades decorrentes da posição de controlador.

Tais responsabilidades, com efeito, estão diretamente conectadas a hipóteses de responsabilidade solidária ou subsidiária, além dos casos de desconsideração da personalidade jurídica para atingimento do patrimônio de sócios, a fim de promover o adimplemento de obrigações da sociedade, quando esta não possui recursos suficientes para tanto.

A literatura reconhece duas teorias para a desconsideração da personalidade jurídica: (i) a chamada "teoria maior", segundo a qual, nas hipóteses de fraudes e abusos praticados por meio da pessoa jurídica, o juiz é autorizado a ignorar a distinção de personalidade jurídica e autonomia patrimonial entre sócio e sociedade; e (ii) a "teoria menor", que busca justificar o afastamento da autonomia patrimonial de forma objetiva,

---

[145] BRASIL. Comissão de Valores Mobiliários. Processo Administrativo Sancionador CVM nº 2008/1815. Colegiado. Rel. Dir. Eli Loria. julg. em 28 abr. 2009.

A RESPONSABILIDADE DO COTISTA DE FUNDO DE INVESTIMENTO EM PARTICIPAÇÕES

nas hipóteses em que a pessoa jurídica não tem recursos suficientes para adimplir suas obrigações[146].

Nas linhas que se seguem, serão apresentadas hipóteses de atribuição de responsabilidade solidária ou subsidiária, bem como de desconsideração da personalidade jurídica da sociedade, em todos os casos, visando ao atingimento do patrimônio pessoal do acionista controlador.

2.4.1. A responsabilidade solidária trabalhista

No que diz respeito às relações trabalhistas, a Consolidação das Leis do Trabalho[147] estabelece a responsabilidade solidária da "empresa" controladora para com a controlada perante colaboradores desta última. Veja-se:

> Art. 2º – Considera-se empregador a empresa, individual ou coletiva, que, assumindo os riscos da atividade econômica, admite, assalaria e dirige a prestação pessoal de serviço.
>
> [...]
>
> § 2º – Sempre que uma ou mais empresas, tendo, embora, cada uma delas, personalidade jurídica própria, estiverem sob a direção, controle ou administração de outra, constituindo grupo industrial, comercial ou de qualquer outra atividade econômica, serão, para os efeitos da relação de emprego, solidariamente responsáveis a empresa principal e cada uma das subordinadas.

Além disso, há frequentes hipóteses de aplicação da "teoria menor" da desconsideração da personalidade jurídica. Visando à proteção dos trabalhadores, na impossibilidade de a sociedade empregadora adimplir suas obrigações trabalhistas perante seus colaborares, a Justiça do Trabalho tem desconsiderado, de forma direta, a personalidade jurídica da sociedade empregadora para atingir o patrimônio de seu controlador.

A literatura, inclusive, sustenta a aplicabilidade do preceito contido no artigo 28, § 5º, do Código de Defesa do Consumidor em demandas decorrentes de relações trabalhistas. Nessa linha, Maria Cristina Irigoyen

---

[146] Nesse sentido, GUIMARÃES, Marcio de Souza. Aspectos modernos da teoria da desconsideração da personalidade jurídica. *Revista da EMERJ*, Rio de Janeiro, v. 7, n. 25, p. 232-235, 2004.

[147] Decreto-Lei nº 5.452, de 1º de maio de 1943. Aprova a Consolidação das Leis do Trabalho. Disponível em: <http://www.planalto.gov.br>. Acesso em: 17 dez. 2016.

Peduzzi, Ministra do Tribunal Superior do Trabalho, manifestou-se no seguinte sentido em trabalho acadêmico:

> Esse preceito do Código de Defesa do Consumidor (art. 28, § 5º) é plenamente aplicável ao direito do trabalho, autorizando, portanto, a desconsideração da personalidade jurídica do empregador na fase de execução trabalhista. Vale lembrar que o direito do consumidor, preocupado com a proteção da parte mais vulnerável em termos materiais e processuais, guarda especial semelhança com o direito do trabalho, igualmente atento à parte da relação jurídica que apresenta maior vulnerabilidade material e processual.
>
> Essa similitude de princípios e finalidades chancela a incidência daquele dispositivo nas relações laborais, como forma de assegurar a efetividade e o cumprimento da legislação trabalhista.
>
> Assim, havendo insuficiência de bens por parte da empresa empregadora para sanar as dívidas trabalhistas, com fundamento no art. 28, § 5º, do CDC, a jurisprudência dos Tribunais admite alcançar os bens dos sócios, por aplicação da teoria da desconsideração da personalidade jurídica[148].

Sobre esse particular, Cleber Regian Paganelli registrou que "a natureza alimentar dos créditos trabalhistas é que justifica a adoção de tal postura [aplicação da teoria menor] pela justiça laboral quando da aplicação da desconsideração"[149].

Os julgados abaixo transcritos ilustram a forma como a Justiça do Trabalho tem empregado a teoria da desconsideração da personalidade jurídica:

> RESPONSABILIDADE PATRIMONIAL – REDIRICIONAMENTO DA EXECUÇÃO – ACIONISTA CONTROLADOR.
>
> Para efeitos de responsabilização do acionista controlador, no âmbito do processo do trabalho, não há restrição alguma, ante a marca do direito social que caracteriza a demanda trabalhista e desde que desconsiderada a perso-

---

[148] PEDUZZI, Maria Cristina Irigoyen. Execução trabalhista e responsabilidade dos sócios e diretores. *Revista Magister de Direito Empresarial*, São Paulo, n. 54, p. 27-28, dez./jan. 2014.
[149] PAGANELLI, Cleber Regian. Responsabilidade pessoal dos sócios e ex-sócios pelas dívidas sociais no direito do trabalho: breves referências ao novo Código de Processo Civil. *Revista LTr*, São Paulo, v. 79, n. 2, p. 178, fev. 2015.

nalidade jurídica do sócio e/ou acionista, onde o direito ao contraditório e ao adequado procedimento, no caso preservado. Na hipótese, tratando-se a devedora, também, de uma concessionária de serviço público, aplica-se o princípio que informa a denominada teoria menor ou objetiva da despersonificação, a qual admite a possibilidade de execução dos bens do sócio ou, como no caso do acionista controlador, sem indagação se os atos praticados violam ou não o contrato ou estatuto social ou mesmo sem indagar se houve de parte do administrador (preposto do controlador) abuso ou desvio de finalidade no uso da personalidade da pessoa jurídica, bastando, apenas, para redirecionar a execução aos bens dos sócios ou controladores não possuir a pessoa jurídica devedora bens, ou como no caso, ou sejam eles insuficientes, para suportar a execução[150].

EXECUÇÃO. INADIMPLEMENTO DO DEVEDOR PRINCIPAL. DESCONSIDERAÇÃO DA PERSONALIDADE JURÍDICA. EMPRESA PÚBLICA.

Há de se direcionar a execução ao ente público – controlador de empresa pública, quando infrutíferas as tentativas constritivas em face da devedora originária, no intuito de solver a dívida trabalhista.

Apelo do ESTADO improvido[151].

A respeito da extensão da desconsideração da personalidade jurídica em relação ao principal ou a todos os sócios, o Tribunal Regional do Trabalho da 12ª Região já decidiu no sentido de que não há distinção entre sócio majoritário e sócio minoritário para fins de aplicação da responsabilidade subsidiária trabalhista. Veja-se:

SÓCIO MINORITÁRIO. LIMITAÇÃO DA RESPONSABILIDADE. IMPOSSIBILIDADE. Inaplicável o princípio da limitação da responsabilidade do sócio no processo trabalhista, por salvaguardar crédito privi-

---

[150] BRASIL. Tribunal Regional do Trabalho da 1ª Região. Agravo de Petição 0058900-60.2003.5.01.0052 – RTOrd – RO. 1ª Turma. Relator Des. Mário Sérgio Medeiros Pinheiro. julg. em 06 maio 2014. DJ 30 maio 2014.

[151] BRASIL. Tribunal Regional do Trabalho da 1ª Região. Agravo de Petição 0090900-11.2006.5.01.0052 – RTOrd. 10ª Turma. Relatora Des. Rosana Salim Villela Travesedo. julg. em fev. 2014. DJ 07 mar. 2014.

O PODER DE CONTROLE E A RESPONSABILIDADE DO CONTROLADOR

legiado, que não pode ser atingido pelos riscos da atividade econômica. Impõe-se conferir especial proteção aos valores constitucionais do trabalho e da dignidade da pessoa humana, alçados, tanto quanto a livre iniciativa, à condição de fundamentos da República e da ordem econômica (art. 1º, III e IV e 170, caput, da CF). Aludido arcabouço constitucional induz à inexorável conclusão de que as tendências capitalistas não podem comprometer o recebimento, pelo trabalhador, do crédito devido pela prestação de serviços[152].

Portanto, basta que o responsável direto (empregador) não possua recursos financeiros suficientes para adimplir o crédito trabalhista para que o Juiz do Trabalho autorize a desconsideração da pessoa jurídica e, assim, promova a satisfação do crédito trabalhista utilizando-se, para essa finalidade, o patrimônio de sócios da devedora original, dentre eles incluído o acionista controlador.

2.4.2. Possibilidade eventual de responsabilidade tributária subsidiária

A respeito de dívidas tributárias, o Código Tributário Nacional[153] estabelece um regime de responsabilidade solidária para os sócios em relação às sociedades devedoras, por atos ou omissões de que forem responsáveis, no caso de liquidação de "sociedade de pessoas", conforme dispõe o seu artigo 134, VII, abaixo transcrito:

> Art. 134. Nos casos de impossibilidade de exigência do cumprimento da obrigação principal pelo contribuinte, respondem solidariamente com este nos atos em que intervierem ou pelas omissões de que forem responsáveis:
> [...]
> VII – os sócios, no caso de liquidação de sociedade de pessoas.

---

[152] BRASIL. Tribunal Regional do Trabalho da 12ª Região. Agravo de Petição 00098-2006-012-12-85-6. 6ª Câmara. Relatora Juíza Ligia M. Teixeira Gouvêa. julg. em 26 ago. 2014. DO 03 set. 2014.

[153] BRASIL. Lei nº 5.172, de 25 de outubro de 1966. Dispõe sobre o Sistema Tributário Nacional e institui normas gerais de direito tributário aplicáveis à União, Estados e Municípios. Disponível em: <http://www.planalto.gov.br>. Acesso em: 17 dez. 2016.

Embora a expressão "sociedade de pessoas" possa abranger sociedades com forte vínculo de *affectio societatis* entre seus sócios, mas que resguarde a limitação de responsabilidade dos mesmos, como, por exemplo, sociedades simples com expressa indicação de que os sócios não responderão subsidiariamente pelas dívidas sociais (artigo 997, VII, Código Civil) e sociedades limitadas, segundo o entendimento de Hugo de Brito Machado, a norma contida no artigo 134, VII, do Código Tributário Nacional aplica-se exclusivamente às sociedades nas quais a responsabilidade dos sócios é solidária e ilimitada[154].

Nessa linha, Aliomar Baleeiro manifestou entendimento de que as sociedades de pessoas referidas no artigo 134 do CTN "são as em nome coletivo e outras, que não se enquadram nas categorias de sociedades anônimas ou por quotas de responsabilidade limitada"[155].

Com efeito, não é o caso de acionista de sociedade anônima, cuja responsabilidade é limitada ao preço de emissão das ações subscritas ou adquiridas[156], restando, em princípio, afastada a responsabilidade tributária subsidiária de controlador de sociedade anônima.

Não obstante, o artigo 135, III do Código Tributário Nacional prevê a responsabilidade dos "diretores, gerentes ou representantes das pessoas jurídicas de direito privado" por créditos relativos a obrigações tributárias decorrentes de atos praticados com excesso de poderes ou infração de lei, contrato social ou estatutos.

Em que pese o fato de a simples condição de sócio não resultar na responsabilidade tributária estabelecida no referido artigo 135, III, na prática, a Fazenda Pública tem imputado indistintamente responsabilidade tanto a sócios quanto a administradores, conforme se depreende do seguinte registro de Hugo de Brito Machado:

---

[154] MACHADO, Hugo de Brito. *Comentários ao Código Tributário Nacional*. Vol. II. São Paulo: Atlas, 2004, p. 581. No mesmo sentido, PAULSEN, Leandro. *Direito tributário: Constituição e Código Tributário à luz da doutrina e da jurisprudência*. 15. ed. Porto Alegre: Livraria do Advogado Editora, 2013, p. 990-992.

[155] BALEEIRO, Aliomar. *Direito Tributário Brasileiro*. 11. ed. rev. e atual. Rio de Janeiro: Forense, 2009, p. 753.

[156] Lei nº 6.404/76, artigo 1º.

O PODER DE CONTROLE E A RESPONSABILIDADE DO CONTROLADOR

As dificuldades para a adequada solução das questões relativas à responsabilidade tributária de sócios e dirigentes decorre especialmente da confusão que, geralmente, se faz entre a condição de sócio e a condição de dirigente, talvez pelo fato de que em muitos casos a responsabilidade tributária é imputada a quem reúne as condições de sócio e de dirigente. Seja como for, o exame da jurisprudência a respeito do assunto bem demonstra que não tem sido feita a distinção, que na verdade sem impõe, entre a responsabilidade que decorre da condição de sócio e a responsabilidade que decorre da condição de dirigente[157].

Assim, mesmo que consista em hipótese atécnica e ilegal, pode ocorrer de a Fazenda Pública imputar responsabilidade a sócio com fundamento diverso do artigo 134, VII, do Código Tributário Nacional. Nesses casos, uma vez que a Certidão de Dívida Ativa goza de presunção de legitimidade, o sócio nela incluído terá o ônus de demonstrar em juízo a ilegalidade do ato da administração pública para se desvincular de tal responsabilidade[158].

Não obstante, a jurisprudência do Superior Tribunal de Justiça é no sentido somente imputar a responsabilidade prevista no artigo 135, III, do Código Tributário Nacional a quem efetivamente exerceu poder de administração da sociedade. Nessa linha, vale transcrever a ementa do seguinte julgado:

TRIBUTÁRIO. AGRAVO REGIMENTAL NO AGRAVO EM RECURSO ESPECIAL. REDIRECIONAMENTO DA EXECUÇÃO FISCAL. SÓCIO QUE NÃO POSSUÍA PODER DE GERÊNCIA À ÉPOCA DA DISSOLUÇÃO IRREGULAR DA EMPRESA. IMPOSSIBILIDADE.

1. Esta Corte Superior de Justiça possui entendimento de que "o pedido de redirecionamento da execução fiscal, quando fundado na dissolução irregular da sociedade executada, pressupõe a permanência de determinado

---

[157] MACHADO, Hugo de Brito. *Comentários ao Código Tributário Nacional*. Vol. II. São Paulo: Atlas, 2004, p. 580.
[158] Nesse sentido, BRASIL. SUPERIOR TRIBUNAL DE JUSTIÇA. AgRg no REsp 1338571/PE, Primeira Turma. Rel. Ministro Napoleão Nunes Maia Filho, julg. em 28 abr. 2015, DJe 14 mai. 2015 e BRASIL. SUPERIOR TRIBUNAL DE JUSTIÇA. REsp 1498444/SP. Segunda Turma. Rel. Ministro Herman Benjamin, julg. em 16 dez. 2014, DJe 03 fev. 2015, dentre outros.

A RESPONSABILIDADE DO COTISTA DE FUNDO DE INVESTIMENTO EM PARTICIPAÇÕES

sócio na administração da empresa no momento da ocorrência dessa dissolução, que é, afinal, o fato que desencadeia a responsabilidade pessoal do administrador. Ainda, embora seja necessário demonstrar quem ocupava o posto de gerente no momento da dissolução, é necessário, antes, que aquele responsável pela dissolução tenha sido também, simultaneamente, o detentor da gerência na oportunidade do vencimento do tributo. É que só se dirá responsável o sócio que, tendo poderes para tanto, não pagou o tributo (daí exigir-se seja demonstrada a detenção de gerência no momento do vencimento do débito) e que, ademais, conscientemente, optou pela irregular dissolução da sociedade (por isso, também exigível a prova da permanência no momento da dissolução irregular)" (EDcl nos EDcl no AgRg no REsp 1.009.997/SC, Rel. Ministra Denise Arruda, Primeira Turma, DJe 4/5/2009). 2. Agravo regimental a que se nega provimento[159].

Isto posto, pode-se entender que a responsabilidade subsidiária de acionista controlador de sociedade anônima restringe-se à hipótese de tal acionista ter exercido cargo de administrador da companhia à época do fato gerador ou do vencimento da obrigação tributária, conforme o caso. Nessa linha, deve-se ressaltar que tal responsabilidade decorre exclusivamente da posição de administrador, não podendo ser imputada responsabilidade ao titular de ações de companhia simplesmente em razão de sua posição de acionista.

Registre-se, contudo, que há opinião no sentido de que os acionistas de sociedade anônima poderiam vir a ser responsabilizados por débitos previdenciários de companhia devedora, em razão do disposto no artigo 124, II, do Código Tributário Nacional em conjunto com a norma do artigo 30, IX, da Lei nº 8.212/1991[160].

---

[159] BRASIL. Superior Tribunal de Justiça. AgRg no AREsp 608.701/SC. Primeira Turma. Rel. Ministro Sérgio Kukina, julg. em 24 fev. 2015, DJe 03 mar. 2015. No mesmo sentido, BRASIL. Superior Tribunal de Justiça. AgRg no REsp 1497599/SP. Primeira Turma. Rel. Ministro Napoleão Nunes Maia Filho. julg. em 10 fev. 2015, DJe 26 fev. 2015 e BRASIL. Superior Tribunal de Justiça. AgRg no REsp 1468257/SP. Segunda Turma. Rel. Ministro Og Fernandes, julg. em 09 dez. 2014, DJe 18 dez. 2014, dentre outros.

[160] Nesse sentido, MELO, Lucas Fonseca e. Responsabilidade tributária dos fundos de private equity e venture capital. *Revista Dialética de Direito Tributário – RDDT*, São Paulo, n. 192, p. 34-46, set. 2011.

Por um lado, o artigo 124, II, do CTN dispõe que são solidariamente obrigadas as pessoas expressamente designadas por lei e, por outro lado, o artigo 30, IX, da Lei nº 8.212/1991 estabelece que, para fins da arrecadação e do recolhimento das contribuições ou de outras importâncias devidas à Seguridade Social, as empresas que integram grupo econômico de qualquer natureza respondem entre si, solidariamente, pelas obrigações decorrentes da referida Lei.

Assim, segundo o autor da opinião acima referida, havendo relação de coligação[161] entre sociedades, restaria configurado o grupo econômico, elemento autorizador da extensão da responsabilidade por débitos previdenciários.

Caso tal teoria venha a ser aceita pelo Poder Judiciário, haverá possibilidade de responsabilização do acionista controlador por débitos previdenciários de companhia controlada.

Note-se que até mesmo no campo dos fundos de investimento essa questão já foi discutida. O Tribunal Regional da Terceira Região entendeu, em julgamento de 2014, que não seria possível a atribuição de responsabilidade tributária ao fundo de investimento em razão de não possuir natureza jurídica compatível com a noção de "grupo de empresas". A ementa do correspondente acórdão dispôs no seguinte sentido:

> PROCESSUAL CIVIL. DIREITO TRIBUTÁRIO E PREVIDENCIÁRIO. AGRAVO DE INSTRUMENTO. RESPONSABILIDADE TRIBUTÁRIA DOS FUNDOS DE INVESTIMENTO. IMPOSSIBILIDADE. ENTE DESPERSONALIZADO. RECURSO PROVIDO.
>
> I. Quando as sociedades cotistas – Vaud Participações S/A, Thurgau Participações S/A, Limmat Participações S/A e Aller Participações S/A – foram retiradas do polo passivo da execução, o Fundo de Investimento em Participações Volluto deveria ter recebido o mesmo tratamento.
>
> II. A responsabilidade tributária proveio da formação de grupo econômico protagonizado pelos membros da família "Constantino". A partir do

---

[161] Nos termos do artigo 243 da Lei nº 6.404/76, são consideradas coligadas as sociedades nas quais a investidora possua influência significativa, possuindo ou exercendo o poder de participar nas decisões das políticas financeira ou operacional da investida, sem controlá-la. Tal influência é presumida quando a investidora possui 20% ou mais do capital votante da investida.

momento em que as empresas controladas deixaram de arcar com os débitos previdenciários, o fundo de investimento por elas dominado não poderia ter permanecido na ação.

III. O fundo de investimento não apresenta natureza jurídica compatível com a noção de grupo de empresas.

IV. Os recursos cedidos pelos investidores para aplicação no mercado de capitais formam um condomínio, com a entrega de cotas proporcionais à contribuição de cada um.

V. Trata-se de instituição forjada para o atendimento de determinados interesses, sem que tenha personalidade jurídica em geral; está autorizada apenas a praticar os atos jurídicos estritamente indispensáveis à realização daqueles.

VI. A participação em grupo econômico não representa uma das possibilidades.

VII. Somente sociedades – modalidade de pessoa jurídica – podem se unir fática ou juridicamente para a exploração de atividade econômica. A legislação comercial, ao descrever "controlador" e "controlada", cogita de organizações empresariais autônomas (artigo 265 da Lei nº 6.404/1976).

VIII. O fundo de investimento, na medida em que não detém patrimônio próprio e retrata simples comunhão de recursos, não dispõe de estrutura apropriada. Não deixa de ser uma parcela dos interesses dos investidores.

IX. Agravo de instrumento a que se dá provimento. Honorários de advogado fixados em R$ 3.000,00[162].

Não obstante, entende-se que ainda não há jurisprudência formada sobre o tema e que existe a possibilidade, ainda que remota, de responsabilização subsidiária de acionista controlador (que pode ser um fundo de investimento) por débitos previdenciários de companhia controlada.

2.4.3. A cláusula geral de desconsideração da personalidade jurídica

A cláusula geral de desconsideração da personalidade jurídica constante de nosso ordenamento jurídico decorre da evolução da teoria da *disregard*

---

[162] BRASIL. Tribunal Regional Federal da 3ª Região. Agravo de Instrumento 0017488-89.2013.4.03.0000, Segunda Turma, Rel. Des. Antonio Cedenho, julg. em 09 dez. 2014. DJU 18 dez. 2014.

doctrine, já amplamente difundida pela doutrina[163], e encontra-se positivada no artigo 50 do Código Civil, que assim dispõe:

> Art. 50. Em caso de abuso da personalidade jurídica, caracterizado pelo desvio de finalidade, ou pela confusão patrimonial, pode o juiz decidir, a requerimento da parte, ou do Ministério Público quando lhe couber intervir no processo, que os efeitos de certas e determinadas relações de obrigações sejam estendidos aos bens particulares dos administradores ou sócios da pessoa jurídica.

Assim, admite-se, nas hipóteses em que restar comprovado o desvio de finalidade ou confusão patrimonial daquela com seus sócios, o "levantamento do véu da pessoa jurídica" para a extensão do efeito de certas obrigações ao sócio de pessoa jurídica, o que se aplica a uma sociedade anônima.

A respeito da caracterização do desvio de finalidade, utiliza-se o conceito de direito público, consistente em ato praticado dentro dos limites da competência do agente, mas por motivo ou finalidade diversa da pretendida pela lei ou reclamada pelo interesse público, resultando, assim, numa "violação ideológica da lei ou, por outras palavras, violação material e moral da lei"[164]. Trata-se, portanto, de aspecto subjetivo.

---

[163] Sobre o tema, vale citar, dentre outros estudos: REQUIÃO, Rubens. Abuso de direito e fraude através da personalidade jurídica (*disregard doctrine*). *Revista dos Tribunais*, São Paulo, v. 58, n. 410, p. 12-24, dez. 1969; COELHO, Fabio Ulhoa. *Desconsideração da personalidade jurídica*. São Paulo: Ed. Revista dos Tribunais, 1989; SZTAJN, Rachel. Sobre a Desconsideração da Personalidade Jurídica. *Revista dos Tribunais*, São Paulo, v. 88, n. 762, p. 81-97, abr. 1999; ALVES, Alexandre Ferreira de Assumpção. Fundamentos da desconsideração da personalidade jurídica no sistema jurídico da *Common Law* e sua aplicação nos direitos inglês e norte-americano – influência no Código Brasileiro de Defesa do Consumidor. *In*: ALVES, Alexandre Ferreira de Assumpção; GAMA, Guilherme Calmon Nogueira da (Coord.). *Temas de direito civil-empresarial*. Rio de Janeiro: Renovar, 2008, p. 1-56; GONÇALVES, Oksandro. *Desconsideração da Personalidade Jurídica*. 1. ed. Curitiba: Juruá Editora, 2004; SILVA, Alexandre Couto. *Aplicação da Desconsideração da Personalidade Jurídica no Direito Brasileiro*. São Paulo: LTr, 1999; WALD, Arnoldo. A desconsideração na arbitragem societária. *Revista de Arbitragem e Mediação*, São Paulo, Ano 12, v. 44, p. 49-64, jan./mar. 2015.
[164] MORAES. Luiza Rangel de. Considerações sobre a teoria da desconsideração da personalidade jurídica e sua aplicação na apuração de responsabilidades dos sócios e admi-

A confusão patrimonial, por sua vez, consiste em aspecto objetivamente verificável, mediante utilização de ativos, bens e recursos da sociedade por sócio, para fins pessoais e não não relacionados com o objeto social da sociedade.

A respeito da aplicação do instituto da desconsideração da personalidade jurídica, o Superior Tribunal de Justiça manifestou o seguinte entendimento:

> EMBARGOS DE DIVERGÊNCIA. ARTIGO 50, DO CC. DESCONSIDERAÇÃO DA PERSONALIDADE JURÍDICA. REQUISITOS. ENCERRAMENTO DAS ATIVIDADES OU DISSOLUÇÃO IRREGULARES DA SOCIEDADE. INSUFICIÊNCIA. DESVIO DE FINALIDADE OU CONFUSÃO PATRIMONIAL. DOLO. NECESSIDADE. INTERPRETAÇÃO RESTRITIVA. ACOLHIMENTO.
>
> 1. A criação teórica da pessoa jurídica foi avanço que permitiu o desenvolvimento da atividade econômica, ensejando a limitação dos riscos do empreendedor ao patrimônio destacado para tal fim. Abusos no uso da personalidade jurídica justificaram, em lenta evolução jurisprudencial, posteriormente incorporada ao direito positivo brasileiro, a tipificação de hipóteses em que se autoriza o levantamento do véu da personalidade jurídica para atingir o patrimônio de sócios que dela dolosamente se prevaleceram para finalidades ilícitas. Tratando-se de regra de exceção, de restrição ao princípio da autonomia patrimonial da pessoa jurídica, a interpretação que melhor se coaduna com o art. 50 do Código Civil é a que relega sua aplicação a casos extremos, em que a pessoa jurídica tenha sido instrumento para fins fraudulentos, configurado mediante o desvio da finalidade institucional ou a confusão patrimonial.
>
> 2. O encerramento das atividades ou dissolução, ainda que irregulares, da sociedade não são causas, por si só, para a desconsideração da personalidade jurídica, nos termos do Código Civil.
>
> 3. Embargos de divergência acolhidos[165].

---

nistradores de sociedades limitadas e anônimas. *Revista do Direito Bancário e do Mercado de Capitais*, São Paulo, v. 7, n. 25, p. 36, jul./set. 2004.

[165] BRASIL. SUPERIOR TRIBUNAL DE JUSTIÇA. EREsp 1306553/SC. Segunda Seção. Rel. Ministra Maria Isabel Gallotti, julg. em 10 dez. 2014, DJe 12 dez. 2014.

Logo, de acordo com o posicionamento do STJ, por se tratar de medida extrema, que relativiza institutos altamente relevantes do direito empresarial – a limitação de responsabilidade e a autonomia patrimonial – a desconsideração da personalidade jurídica deve ser aplicada restritivamente e como último recurso para a satisfação de direitos legítimos.

2.4.4. A desconsideração da personalidade jurídica no Código de Defesa do Consumidor

No contexto da "teoria menor" da desconsideração da personalidade jurídica, visando a tutela dos consumidores (toda pessoa física ou jurídica que adquire ou utiliza produto ou serviço como destinatário final) que, em tese, seriam hipossuficientes em relação aos fornecedores, o legislador estabeleceu no artigo 28 do Código de Defesa do Consumidor[166], possibilidade objetiva de desconsideração da personalidade jurídica do fornecedor, de modo a possibilitar o atingimento do patrimônio pessoal de seus sócios sempre que a personalidade jurídica embaraçar a reparação de danos causados aos consumidores, nos seguintes termos:

> Art. 28. O juiz poderá desconsiderar a personalidade jurídica da sociedade quando, em detrimento do consumidor, houver abuso de direito, excesso de poder, infração da lei, fato ou ato ilícito ou violação dos estatutos ou contrato social. A desconsideração também será efetivada quando houver falência, estado de insolvência, encerramento ou inatividade da pessoa jurídica provocados por má administração.
>
> [...]
>
> § 5º. Também poderá ser desconsiderada a pessoa jurídica sempre que sua personalidade for, de alguma forma, obstáculo ao ressarcimento de prejuízos causados aos consumidores.

Assim, para fins de ressarcimento de dano causado a consumidor, basta que a sociedade fornecedora não possua recursos para promover tal pagamento para que seja possível desconsiderar a personalidade jurídica

---

[166] BRASIL. Lei nº 8.078, de 11 de setembro de 1990. Dispõe sobre a proteção do consumidor e dá outras providências. Disponível em: <http://www.planalto.gov.br>. Acesso em: 17 dez. 2016.

da sociedade fornecedora e, assim, acessar o patrimônio dos sócios para que se efetive o direito do consumidor à reparação de prejuízo.

Esclareça-se que tal dispositivo é aplicável exclusivamente às relações de consumo, em razão da tutela especial valorada positivamente pelo legislador, conforme expôs Luiz Gastão Paes de Barros Leães:

> Com efeito, o art. 28 do CDC reproduz todas as hipóteses materiais de incidência que fundamentam a aplicação desconsideração às pessoas jurídicas, abrangendo (i) não só as hipóteses de fraude (ou seja, de "abuso de direito, excesso de poder, infração da lei, fato ou ato ilícito ou violação dos estatutos ou contrato social") como também (ii) as hipóteses de "falência, estado de insolvência, encerramento ou inatividade da pessoa jurídica provocados por má administração" e até (iii) a hipótese de desconsideração da pessoa jurídica independentemente da verificação de fraude, "sempre que sua personalidade for, de alguma forma, obstáculo ao ressarcimento de prejuízos causados aos consumidores" (§ 5º).
>
> Essas hipóteses de incidência da técnica de desconsideração da personalidade jurídica, constantes do CDC, se referem, evidentemente, apenas às relações de consumo, objeto de disciplina na forma da lei em foco, e não pode ser entendida como norma geral aplicável a outros setores, que cogitam de relações jurídicas de outra espécie[167].

Esse aspecto também é reconhecido pelo Judiciário, conforme pode-se notar do seguinte acórdão proferido pela Quarta Turma do Superior Tribunal de Justiça em julgamento ocorrido em setembro de 2014:

> AGRAVO REGIMENTAL NO RECURSO ESPECIAL – AÇÃO DE INDENIZAÇÃO POR ATO ILÍCITO – INSCRIÇÃO INDEVIDA – DANO MORAL – CUMPRIMENTO DE SENTENÇA – INSOLVÊNCIA DA PESSOA JURÍDICA – DESCONSIDERAÇÃO DA PESSOA JURÍDICA – ART. 28, § 5º, DO CÓDIGO DE DEFESA DO CONSUMIDOR – POSSIBILIDADE – PRECEDENTES DO STJ – DECISÃO MONOCRÁTICA QUE DEU PROVIMENTO AO RECURSO ESPECIAL.

---

[167] LEÃES, Luiz Gastão Paes de Barros. Desconsideração da personalidade e sucessão empresarial. *Revista do Direito Bancário e do Mercado de Capitais*, São Paulo, v. 10, n. 38, p. 209, out./dez. 2007.

INSURGÊNCIA DA RÉ.

1. É possível a desconsideração da personalidade jurídica da sociedade empresária – acolhida em nosso ordenamento jurídico, excepcionalmente, no Direito do Consumidor – bastando, para tanto, a mera prova de insolvência da pessoa jurídica para o pagamento de suas obrigações, independentemente da existência de desvio de finalidade ou de confusão patrimonial, é o suficiente para se "levantar o véu" da personalidade jurídica da sociedade empresária.

Precedentes do STJ: REsp 737.000/MG, Rel. Ministro Paulo de Tarso Sanseverino, DJe 12/9/2011; (Resp 279.273, Rel. Ministro Ari Pargendler, Rel. p/ acórdão Ministra Nancy Andrighi, 29.3.2004; REsp 1111153/RJ, Rel. Min. Luis Felipe Salomão, DJe de 04/02/2013; REsp 63981/SP, Rel. Min. Aldir Passarinho Júnior, Rel. p/acórdão Min. Sálvio de Figueiredo Teixeira, DJe de 20/11/2000.

2. "No contexto das relações de consumo, em atenção ao art. 28, § 5º, do CDC, os credores não negociais da pessoa jurídica podem ter acesso ao patrimônio dos sócios, mediante a aplicação da *disregard doctrine*, bastando a caracterização da dificuldade de reparação dos prejuízos sofridos em face da insolvência da sociedade empresária" (REsp 737.000/MG, Rel. Ministro Paulo de Tarso Sanseverino, Terceira Turma, DJe 12/9/2011).

3. Agravo regimental desprovido[168].

Merece destaque a análise crítica da norma contida no artigo 28, § 5º, do CDC formulada por Alexandre Ferreira de Assumpção Alves, para quem a referida regra consiste em hipótese de responsabilidade subsidiária e não de desconsideração da personalidade jurídica. Veja-se:

> Respeitadas as críticas e aplausos formulados pelos estudiosos do tema, a previsão constante do parágrafo 5º é de responsabilidade subsidiária do sócio. Este responderá perante o consumidor com seu patrimônio particular, nos casos em que a personalidade for obstáculo ao ressarcimento. Assim, o juiz está autorizado a ignorar a autonomia patrimonial sempre que houver descumprimento de uma obrigação imposta pelo CDC e a pessoa jurídica não dispuser de patrimônio suficiente para indenizar o consumidor.

---

[168] BRASIL. SUPERIOR TRIBUNAL DE JUSTIÇA. AgRg no REsp 1106072/MS. Quarta Turma. Rel. Ministro Marco Buzzi, julg. em 02 set. 2014, DJe 18 set. 2014.

O parágrafo 5º não incorporou a *disregard doctrine* em sede legislativa porque as responsabilidades solidária e subsidiária não se confundem com a desconsideração, pois esta altera a sujeição passiva do responsável, enquanto aquelas a ampliam ao admitirem, seja a responsabilidade entre a pessoa jurídica e um ou mais de seus integrantes (solidariedade), seja a responsabilidade acessória (subsidiariedade). O cumprimento de certas obrigações será excepcionalmente atribuído ao sócio sem eliminar a capacidade da pessoa jurídica.

Destarte, sustenta-se que as obrigações ensejadoras da desconsideração deixarão, por decisão judicial, de integrar o passivo da pessoa jurídica em razão da ineficácia episódica do ato constitutivo, transferindo-se a obrigação de indenizar para o verdadeiro responsável pelo seu adimplemento. Portanto, a utilização da desconsideração deve ser cautelosa para evitar o sacrifício de interesses superiores, em especial, os valores do trabalho e da livre iniciativa, insculpidos no art. 1º, IV, da Constituição[169].

Em uma palavra, a possibilidade de desconsideração (ou de responsabilidade subsidiária, como defende o Prof. Alexandre Assumpção) contida no 28, § 5º, do Código de Defesa do Consumidor representa risco de responsabilização para o acionista de companhia que realiza operações comerciais com o público consumidor, seja ele controlador ou não.

2.4.5. A desconsideração da personalidade jurídica na hipótese de infração à ordem econômica

A Lei nº 12.529/2011[170], também conhecida como "Nova Lei do CADE", que trata do Sistema Brasileiro de Defesa da Concorrência e dispõe sobre as normas do direito antitruste atualmente vigentes em nosso

---

[169] ALVES, Alexandre Ferreira de Assumpção. *A desconsideração da personalidade jurídica à luz do direito civil-constitucional: o descompasso das disposições do Código de Defesa do Consumidor com a disregard doctrine.* 2003. Tese (Doutorado em Direito Civil) – Faculdade de Direito, Universidade do Estado do Rio de Janeiro, Rio de Janeiro, 2003, p. 380-381.

[170] BRASIL. Lei nº 12.529, de 30 de novembro de 2011. Estrutura o Sistema Brasileiro de Defesa da Concorrência; dispõe sobre a prevenção e repressão às infrações contra a ordem econômica; altera a Lei nº 8.137, de 27 de dezembro de 1990, o Decreto-Lei nº 3.689, de 3 de outubro de 1941 – Código de Processo Penal, e a Lei nº 7.347, de 24 de julho de 1985; revoga dispositivos da Lei nº 8.884, de 11 de junho de 1994, e a Lei nº 9.781, de 19

ordenamento também endereça uma possibilidade de desconsideração da personalidade jurídica em seu artigo 34, abaixo transcrito:

> Art. 34. A personalidade jurídica do responsável por infração da ordem econômica poderá ser desconsiderada quando houver da parte deste abuso de direito, excesso de poder, infração da lei, fato ou ato ilícito ou violação dos estatutos ou contrato social.
>
> Parágrafo único. A desconsideração também será efetivada quando houver falência, estado de insolvência, encerramento ou inatividade da pessoa jurídica provocados por má administração.

Referido dispositivo, bastante semelhante ao artigo 18 da Lei nº 8.884/94[171] (diploma que disciplinava a matéria anteriormente, até a entrada em vigor da Lei nº 12.529/2011), alinha-se à "teoria maior" da desconsideração da personalidade jurídica porquanto exige a comprovação de elementos subjetivos para a sua aplicação[172], tais como o abuso de direito, excesso de poder, infração da lei, fato ou ato ilícito ou violação do estatuto social, além da comprovação de houve má administração, no caso de falência, insolvência ou inatividade da pessoa jurídica.

Percebe-se, dessa forma, que não há, na seara concorrencial, desconsideração da personalidade jurídica de forma semelhante à que ocorre no campo consumerista.

Não basta, portanto, simplesmente que a falência ou insolvência da pessoa jurídica seja um empecilho para o ressarcimento de dano ou prejuízo causado por infração à ordem econômica para que o patrimônio dos

---

de janeiro de 1999; e dá outras providências. Disponível em <http://www.planalto.gov. br>. Acesso em: 17 dez. 2016.

[171] O artigo 18 da Lei nº 8.884/94 assim dispunha: "Art. 18. A personalidade jurídica do responsável por infração da ordem econômica poderá ser desconsiderada quando houver da parte deste abuso de direito, excesso de poder, infração da lei, fato ou ato ilícito ou violação dos estatutos ou contrato social. A desconsideração também será efetivada quando houver falência, estado de insolvência, encerramento ou inatividade da pessoa jurídica provocados por má administração".

[172] Sobre esse particular, veja-se TAUFICK, Roberto Domingos. A teoria da desconsideração da personalidade jurídica e o controle das condutas e estruturas no direito regulatório. *Revista Jurídica*, Brasília, v. 9, n. 85, jun./jul, 2007. Disponível em: <https://revistajuridica. presidencia.gov.br/index.php/saj/article/view/300>. Acesso em: 17 dez. 2016.

sócios de tal pessoa jurídica seja atingido. É necessário que seja comprovada a má administração, aspecto cuja prova, sem dúvida, é de dificílima produção.

Nada obstante isso, da regra contida no artigo 34 da Lei nº 12.529/2011 decorre risco de responsabilização dos acionistas de companhia, sobretudo do acionista controlador.

2.4.6. A desconsideração da personalidade jurídica para ressarcimento de danos ambientais

No âmbito da tutela do meio ambiente, com o objetivo de promover a proteção da biodiversidade e empregar efetividade ao princípio constitucional da defesa do meio ambiente, a Lei nº 9.605/98[173] estabelece a possibilidade de afastamento da limitação da responsabilidade dos sócios para fins de viabilizar a reparação de danos ambientais, na forma do seu artigo 4º, abaixo transcrito.

> Art. 4º Poderá ser desconsiderada a pessoa jurídica sempre que sua personalidade for obstáculo ao ressarcimento de prejuízos causados à qualidade do meio ambiente.

Além da responsabilidade civil de reparação do dano, o descumprimento das normas ambientais pode resultar em sanções penais e administrativas. Assim, conforme possibilita o referido artigo 4º, o Poder Judiciário poderá desconsiderar a personalidade jurídica do responsável pelo ato ilícito sempre que esta obstaculizar o ressarcimento dos prejuízos causados ao meio ambiente.

Sobre esse particular, cumpre citar os comentários do Prof. Alexandre Ferreira de Assumpção Alves:

> O art. 4º deve ser analisado numa perspectiva sistemática com o art. 3º, pois a aplicação daquele está relacionada à impossibilidade total ou parcial de efetivação da responsabilidade ambiental por parte da pessoa jurídica, prevista no art. 3º.

---

[173] BRASIL. Lei nº 9.605, de 12 de fevereiro de 1998. Dispõe sobre as sanções penais e administrativas derivadas de condutas e atividades lesivas ao meio ambiente, e dá outras providências. Disponível em: <http://www.planalto.gov.br>. Acesso em: 17 dez. 2016.

Nos termos do art. 3º, as pessoas jurídicas serão responsabilizadas nas esferas civil, penal e administrativa, independentemente de culpa, quando a infração às normas ambientais for efetivada por decisão de seu representante legal (administrador ou diretor) ou contratual (preposto), ou de seu órgão colegiado (Conselho de Administração, Diretoria ou outro órgão estatutário), no interesse ou benefício da sua entidade.

Tal responsabilidade por fato de terceiro não exclui nem a ação regressiva em face do autor do ilícito nem a responsabilização pessoal deste, ou seja, das pessoas naturais, autoras, co-autoras ou partícipes do mesmo fato (art. 3º, parágrafo único).

Verifica-se que a própria lei ambiental responsabiliza, sem benefício de ordem, os verdadeiros autores da conduta lesiva ao meio ambiente solidariamente com a pessoa jurídica, eis que a aplicação de sanções civis – dentre elas a imposição de multa – à pessoa jurídica não impede a responsabilização de seus administradores ou membros dos órgãos colegiados, provando-se dolo ou culpa.

[...]

Caso o dano ambiental não possa ser integralmente reparado pela pessoa jurídica e pelas pessoas naturais responsáveis, então, nesse caso, poderá o juiz lançar mão da desconsideração da personalidade jurídica para garantir que a reparação dos prejuízos não será obstaculizada pela autonomia patrimonial e, obviamente, em face das pessoas que não são diretamente responsabilizadas nos termos do art. 3º. Trata-se, portanto, de excepcional hipótese de responsabilidade subsidiária em prol da proteção à qualidade do meio ambiente, com supedâneo nos artigos 170 e 225 da Constituição.

Mutatis mutandis, o art. 4º da Lei nº 9.605/98 segue a mesma orientação do § 5º do art. 28 do Código de Defesa do Consumidor, isto é, não enuncia os casos em que será possível ao juiz levantar o véu da personalidade jurídica[174].

Embora não se tenha ainda um universo expressivo de decisões judiciais nas quais se aplicou a desconsideração da personalidade jurídica em matéria ambiental, os seguintes julgados, proferidos por câmaras espe-

---

[174] ALVES. Alexandre Ferreira de Assumpção. Desconsideração da personalidade jurídica como instrumento jurídico de efetivação da reparação por danos ambientais. *Revista Semestral de Direito Empresarial – RSDE*, Rio de Janeiro, n. 2, p. 15-17, jan./jun. 2008.

cializadas do Tribunal de Justiça do Estado de São Paulo, demonstram a aplicação do instituto pelo Poder Judiciário:

AGRAVO DE INSTRUMENTO. Desconsideração da personalidade jurídica. POSSIBILIDADE.
Aplicação do disposto no artigo 4º da Lei 9.605/98. Hipótese em que na ausência de bens passíveis de penhora da empresa executada, respondem os bens do sócio para garantia da satisfação do débito exequendo.
Decisão de primeiro grau mantida.
NEGADO PROVIMENTO AO RECURSO[175].

AGRAVO DE INSTRUMENTO. EXECUÇÃO FISCAL. MULTA AMBIENTAL INCLUSÃO DOS SÓCIOS DA EMPRESA NO PÓLO PASSIVO. VIABILIDADE ENCERRAMENTO DA ATIVIDADE DA EMPRESA NO LOCAL ONDE ESTAVA SEU ESTABELECIMENTO, ESTANDO EM LUGAR INCERTO E NÃO SABIDO. PRESUNÇÃO DE DISSOLUÇÃO DA SOCIEDADE. FRAUDE QUANTO À COBRANÇA DA MULTA. APLICAÇÃO DO ART. 4º DA LEI Nº 9.605/95, BEM COMO DOS ARTS. 134, VII, E 135, III, DO CTN, ALÉM DA SÚMULA Nº 435 DO STJ. RECONHECIMENTO RECURSO PROVIDO. Considerando que, a teor da certidão exarada pelo Oficial de Justiça, a empresa devedora, que já fora citada por edital, não mais se encontrava no endereço cadastrado, plenamente possível a inclusão dos sócios gerentes no polo passivo quando não mais encontrada a pessoa jurídica, com fulcro no art. 4º da Lei nº 9.605/95 e das previsões dos arts. 134, VII, e 135, III, ambos do CTN; art. 4º, V, da Lei 6.830/80 e, ainda, a Súmula 435 do Superior Tribunal de Justiça, sendo de rigor, portanto, a desconsideração da personalidade jurídica da empresa executada[176].

Note-se que o Judiciário não diferencia o controlador dos demais sócios para fins da desconsideração da personalidade jurídica com fun-

---

[175] SÃO PAULO. Tribunal de Justiça. 1ª Câmara Reservada ao Meio Ambiente. Agravo de Instrumento nº 2180365-30.2014.8.26.0000. Relator: Des. Ruy Alberto Leme Cavalheiro. julg. em 26 mar. 2015. Data de registro: 28 mar. 2015.
[176] SÃO PAULO. Tribunal de Justiça. 2ª Câmara Reservada ao Meio Ambiente. Agravo de Instrumento nº 0052822-15.2013.8.26.0000. Relator: Des. Paulo Ayrosa. julg. em 25 abr. 2013. Data de registro: 25 abr. 2013.

damento no artigo 4º da Lei nº 9.605/98, apresentando-se tal regra, portanto, como hipótese de responsabilização subsidiária de acionista de companhia.

2.4.7. A responsabilidade decorrente da legislação anticorrupção brasileira

Em meados do ano de 2013, foi editada a Lei nº 12.846/2013, apelidada de "Lei Anticorrupção" ou "Lei da Empresa Limpa". Tal diploma, regulamentado pelo Decreto nº 8.420/2015, dispõe sobre a responsabilização objetiva, civil e administrativa, de pessoas jurídicas pelos atos lesivos praticados contra a administração pública nacional ou estrangeira, em seu interesse ou benefício, exclusivo ou não.

Ainda que a prática de atos de corrupção já seja criminalizada no Brasil há algum tempo, nos termos dos arts. 317 e 333 do Código Penal, havia lacuna legislativa que impossibilitava a responsabilização de pessoas jurídicas pela prática ou contribuição a atos de corrupção, uma vez que, salvo em crimes muito específicos, tais entidades não podem ser processadas criminalmente.

Por isso, conforme bem apontado por Modesto Carvalhosa, as principais razões da existência da Lei Anticorrupção são: (i) punir administrativamente e responsabilizar judicialmente pessoas jurídicas que contribuam para a prática de atos de corrupção; e (ii) punir administrativamente e responsabilizar judicialmente também as pessoas jurídicas que, ainda que não tenham contribuído, promovam ou aceitem tais práticas[177].

Nos termos da Lei Anticorrupção, são consideradas condutas penalizáveis todos os atos lesivos à administração pública nacional ou estrangeira, entendendo que tais atos se caracterizam como todos aqueles que "atentem contra o patrimônio público nacional ou estrangeiro, contra princípios da administração pública ou contra os compromissos internacionais assumidos pelo Brasil", conforme disposto em seu art. 5º. O mesmo dispositivo apresenta rol exemplificativo de condutas entendidas como atos de corrupção.

---

[177] CARVALHOSA, Modesto. *Considerações sobre a lei anticorrupção das pessoas jurídicas*. São Paulo: Revista dos Tribunais, 2015, p. 86.

Conforme estabelecido em seu art. 1º, parágrafo único, as disposições da Lei Anticorrupção aplicam-se a todas as pessoas jurídicas brasileiras e sociedades estrangeiras que tenham sede, filial ou qualquer tipo de representação no território brasileiro, ainda que temporariamente.

Com vistas a mitigar o risco de frustação da aplicação de penalidades em razão de operações societárias, o art. 4º da Lei nº 12.846/2013 prevê hipóteses de sucessão de responsabilidade, nos seguintes termos:

> Art. 4º Subsiste a responsabilidade da pessoa jurídica na hipótese de alteração contratual, transformação, incorporação, fusão ou cisão societária.
>
> §1º Nas hipóteses de fusão e incorporação, a responsabilidade da sucessora será restrita à obrigação de pagamento de multa e reparação integral do dano causado, até o limite do patrimônio transferido, não lhe sendo aplicáveis as demais sanções previstas nesta Lei decorrentes de atos e fatos ocorridos antes da data da fusão ou incorporação, exceto no caso de simulação ou evidente intuito de fraude, devidamente comprovados.
>
> § 2º As sociedades controladoras, controladas, coligadas ou, no âmbito do respectivo contrato, as consorciadas serão solidariamente responsáveis pela prática dos atos previstos nesta Lei, restringindo-se tal responsabilidade à obrigação de pagamento de multa e reparação integral do dano causado.

Dessa forma, O *caput* e o parágrafo primeiro do referido art. 4º disciplinam as hipóteses de sucessão de responsabilidade pelos atos lesivos praticado por determinada sociedade quando da realização de operações de reestruturação societária. Claramente houve a intenção, por parte do legislador, de evitar que tais operações fossem realizadas posteriormente à prática de atos de corrupção com intuito de burlar a aplicação das sanções.

Por sua vez, o parágrafo segundo do mesmo dispositivo estabelece a responsabilidade das sociedades controladoras, controladas, coligadas e consorciadas (no âmbito do respectivo contrato). Desse modo, verificada a prática de ato lesivo por sociedade integrante de grupo societário, as demais integrantes do grupo ficariam solidariamente responsáveis por tal prática.

Fora a própria restrição legal à responsabilização solidária, que fica circunscrita à obrigação de pagamento da multa e reparação integral do dano causado, não vislumbra a lei qualquer outra limitação a tal solidariedade, nem quanto aos limites de sua extensão, nem quanto ao tipo de responsabilidade. Assim, em princípio, tanto a responsabilidade civil quanto a administrativa podem ser integralmente transferidas a todos os integrantes do grupo societário, dentre estes o acionista controlador.

Modesto Carvalhosa, contudo, descarta uma interpretação tão ampla do mencionado dispositivo. Sobre a responsabilidade administrativa, o autor coloca dois limites à responsabilização solidária: (i) a controlada, controladora, coligada ou consorciada deve, desde o início, integrar o processo administrativo, tendo garantido seu direito à ampla defesa; e (ii) a controlada, controladora, coligada ou consorciada deve ter participado nas práticas corruptivas da pessoa jurídica imputada, havendo um concurso de agentes. Nas palavras do autor:

> Somente podem ser condenados, no caso da presente Lei, as pessoas jurídicas que integram devidamente o respectivo processo penal-administrativo, com direito à ampla e autônoma defesa.
>
> [...]
>
> Dessa forma, somente podem ser condenadas no devido processo penal-administrativo, as pessoas jurídicas controladas, controladoras ou coligadas se elas efetivamente integraram a prática dos delitos de corrupção praticados no âmbito do grupo econômico ou social que integram.[178]

Ainda não há posição jurisprudencial (judicial ou administrativa) acerca do tema, dado o pouco tempo de vigência da Lei Anticorrupção e de sua regulamentação (editados, respectivamente, em 2013 e 2015) e de maneira que permanecem muitas dúvidas sobre a aplicação de seu art. 4º. Contudo, pela simples leitura de seus dispositivos normativos, conclui-se que há ao menos a possibilidade de responsabilização do acionista controlador pelos atos de corrupção praticado por suas controladas, caso entendida a caracterização de grupo societário.

Apesar de a locução do § 2º do art. 4º da Lei nº 12.846/2013 mencionar especificamente "sociedades controladoras" e o FIP consistir em condomínio (e não em sociedade), pode-se cogitar, ainda que remotamente,

---

[178] CARVALHOSA, Modesto. *Considerações sobre a lei anticorrupção das pessoas jurídicas.* São Paulo: Revista dos Tribunais, 2015, p. 169-170.

de interpretação extensiva do referido dispositivo para fins de atribuição de responsabilidade solidária de fundo de investimento em participações por ilícitos previstos da referida lei cometidos por companhia investida na qual o fundo exerça poder de controle.

Dessa forma, existe a possibilidade, ainda que remota, de FIP que controle companhia que praticou atos ilícitos previstos na Lei Anticorrupção vir a ser responsabilizado com fundamento no art. 4º, § 2º, da referida lei.

3
A Responsabilidade do Cotista do FIP

Nos capítulos anteriores, expôs-se a função e a estrutura atualmente utilizada para a formalização dos fundos de investimento no Brasil, dentre os quais se insere o fundo de investimentos em participações, bem como a caracterização do poder de controle no âmbito de sociedades anônimas e as hipóteses de responsabilidade inerentes à posição de controlador de companhia.

Neste capítulo, serão apresentadas as nuances da responsabilidade direta do cotista do FIP, assim como as possibilidades de sua responsabilização indireta, sobretudo em razão de o FIP do qual possui cotas assumir a posição de controlador de companhia investida.

3.1. Responsabilidade pela integralização das cotas subscritas

Como o ato de subscrição consiste em "compromisso de contribuir com certa quantia"[179], a subscrição de cotas de um fundo de investimento em participações gera, para o subscritor, a obrigação de integralizá-las.

A lista ou boletim de inscrição deve indicar: (i) nome e qualificação do subscritor; (ii) número de cotas subscritas; e (iii) preço de subscrição, valor total a ser integralizado pelo subscritor e respectivo prazo.

Por força do artigo 20, § 1º, da Instrução CVM nº 578/2016, juntamente com o boletim de subscrição, o investidor poderá assinar "instrumento mediante o qual o investidor fique obrigado, sob as penas nele

---

[179] Conforme FERREIRA, Aurélio Buarque de Holanda. *Minidicionário da língua portuguesa*. Rio de Janeiro: Nova Fronteira, 1993, p. 516.

expressamente previstas, a integralizar o valor do capital comprometido à medida que o administrador do fundo fizer chamadas, de acordo com prazos, processos decisórios e demais procedimentos estabelecidos no respectivo instrumento". Tal instrumento é usualmente denominado "compromisso de investimento".

O compromisso de investimento poderá dispor que no decorrer da vigência do fundo haverá chamadas de capital e vincular o subscritor à obrigação de atender a tais chamadas, realizando tanto os aportes ordinários, isto é, aqueles destinados à integralização das cotas subscritas, quanto os aportes extraordinários que possam se fazer necessários para viabilizar o pagamento das despesas de manutenção do fundo.

Nesse cenário, pode-se dizer que a obrigação de integralizar as cotas subscritas é a principal obrigação direta atribuída ao cotista do FIP.

Considerando que o boletim de subscrição, em conjunto com o compromisso de investimento e as comunicações de chamadas de capital (realizadas na forma prevista no regulamento), representa obrigação de pagar valor líquido, certo e exigível, bem como apresenta os requisitos exigidos pelo artigo 784, III, do Código de Processo Civil[180] para que seja caracterizado como título executivo extrajudicial, é admissível o ajuizamento de ação de execução em face do cotista para fins de cobrança de valores devidos à título de integralização de cotas e não pagos.

3.1.1. Responsabilidade por aportes extraordinários

De acordo com o disposto no artigo 11 da Instrução CVM nº 578/2016, como regra geral o FIP deve manter pelo menos 90% do seu patrimônio investido nos ativos definidos no artigo 5º do referido normativo (ações e outros valores mobiliários de emissão de companhias abertas ou fechadas, bem como títulos e valores mobiliários representativos de participação em sociedades limitadas), podendo ser somados a tais ativos, para fins de verificação do mencionado percentual mínimo de concentração, os valores destinados ao pagamento de despesas do fundo, desde que limitados a 5% do capital subscrito[181].

---

[180] BRASIL. Lei nº 13.105, de 16 de março de 2015. Código de Processo Civil: "Art. 784. São títulos executivos extrajudiciais: [...] III – o documento particular assinado pelo devedor e por 2 (duas) testemunhas; [...]".

[181] Instrução CVM nº 578/2016, artigo 11, § 4º, I.

A RESPONSABILIDADE DO COTISTA DO FIP

Dessa forma, pode-se entender que, dos recursos captados pelo FIP, parcela correspondente a 15% pode ser aplicada em outros ativos que não aqueles "ativos-alvo" dessa espécie de fundo. Tal parcela geralmente é aplicada em ativos de baixo risco e de liquidez relativamente alta[182], servindo como uma espécie de reserva de recursos que podem ser destinados ao pagamento das despesas de funcionamento do FIP e a eventuais aportes extraordinários em companhia investida.

Conforme já mencionado quando da exposição da estrutura de funcionamento do fundo de investimento em participações, dentro do seu prazo de duração o FIP possui um ciclo, nele compreendido o período de investimento e o período de desinvestimento, devendo o regulamento disciplinar as condições de eventuais prorrogações[183].

Pode ocorrer que as sociedades nas quais o FIP tenha realizado investimento ainda não tenham atingido o estágio de desenvolvimento considerado adequado pelo gestor para que a participação do FIP seja alienada (o que pode ocorrer mediante a realização de oferta pública secundária de ações de emissão da companhia ou por meio de alienação privada) ou, ainda, que, mesmo tendo as sociedades investidas se desenvolvido em patamar cuja alienação da participação do FIP seja recomendável, a conjuntura econômica não apresente, naquele momento, condições favoráveis para realização de tal operação.

Em tais situações, a fim de preservar a possibilidade de concretização do ciclo do FIP com sucesso (isto é, lucro), os cotistas poderão deliberar a prorrogação do prazo de duração do fundo, observadas as regras constantes do regulamento, de modo a possibilitar a adequada maturação daqueles investimentos que ainda não houverem atingido o nível de desenvolvimento desejado ou a simplesmente aguardar melhores condições de mercado para a realização do desinvestimento.

Nesse contexto, a depender das características da carteira do FIP e do tempo de duração da prorrogação, o fundo poderá ficar sem recursos líquidos em sua carteira para o pagamento das suas despesas, tais como a taxa de administração, despesas com correspondência, honorários de auditores, advogados e outros prestadores de serviços e taxa de custódia.

---

[182] A indicação dos ativos que poderão compor a carteira do fundo deverá necessariamente constar do regulamento do FIP, nos termos do artigo 9º, III, da Instrução CVM nº 578/2016.
[183] Instrução CVM nº 578/2016, artigo 9º, XIV.

Para fins de pagamento dessas despesas, o administrador do FIP poderá exigir a realização de aportes extraordinários de recursos por parte dos cotistas. Nesse sentido, veja-se o entendimento de Leandro Alberto Torres Ravache, Luciana de Holanda Ramos e Walter Pereira Bastos Neto:

> As regras da Lei Substantiva Civil autorizam o condômino, também, a eximir-se do pagamento das despesas e dívidas, renunciando à parte ideal, sendo certo que essa faculdade não é conferida aos quotistas. Pelo contrário, a regulamentação de FIPs, por exemplo, determina a necessidade de que se preveja a obrigação do investidor de integralizar recursos quando ocorrerem chamadas de capital, mesmo quando tiverem como propósito exclusivo o pagamento de despesas do fundo, não sendo facultado, portanto, ao quotista entregar suas quotas para liberar-se do pagamento de despesas[184].

Referidos aportes se justificam pelo fato de que, caso não realizados, poderiam acarretar na necessidade de liquidação de "ativos-alvo" do fundo em condições inadequadas ou ineficientes para fins de que o fundo gerasse caixa para pagar suas despesas.

Dessa forma, de acordo com o que dispuser o Instrumento Particular de Compromisso de Investimento, o cotista poderá ser demandado pelo administrador a realizar aportes extraordinários. Seguindo a mesma lógica da obrigação de integralizar as cotas subscritas, a quantia correspondente à chamada de capital poderá ser executada judicialmente caso o cotista não efetue o aporte na data agendada, utilizando-se o compromisso de investimento e a comunicação de chamada de capital (realizada na forma do regulamento e do referido compromisso) como título executivo.

3.2. Responsabilidade pelo patrimônio líquido negativo do fundo

Como já exposto, os fundos de investimento possuem, no Brasil, natureza condominial, sem personalidade jurídica. Disso decorre que todas as relações jurídicas empreendidas pelo fundo, das quais resultam direitos, deveres, responsabilidades e obrigações, refletem no patrimônio de seus

---

[184] RAVACHE, Leandro Alberto Torres; RAMOS, Luciana de Holanda; BASTOS NETO, Walter Pereira. Fundos de investimento e a necessidade de observância do direito de preferência na alienação de suas quotas. *Revista do BNDES*, Rio de Janeiro, n. 37, p. 257, jun. 2012.

cotistas, seja indiretamente mediante valorização ou desvalorização das cotas de que são titulares (na hipótese de o fundo obter lucros ou prejuízos em suas operações regulares, sendo tais valores creditados ou debitados diretamente do patrimônio do fundo) ou até mesmo diretamente, como é o caso da necessidade de aportes extraordinários para pagamento de despesas de manutenção do fundo e, na hipótese mais extrema, de aporte para pagamento do passivo correspondente ao patrimônio líquido negativo do fundo.

A Instrução CVM nº 409/2004 (substituída pela Instrução CVM nº 555/2014), já previa, em seu artigo 13, que os cotistas responderiam por eventual patrimônio líquido negativo do fundo, sem prejuízo da responsabilidade do administrador e do gestor em caso de inobservância da política de investimento ou dos limites de concentração previstos no regulamento e naquela instrução.

No entanto, a Instrução CVM nº 409/2004 dispunha expressamente que suas normas não se aplicam aos fundos de investimento regidos por regulamentação própria, neles incluídos fundos de investimentos em participações[185].

A Instrução CVM nº 391/2003, norma específica que regulou os fundos de investimento em participações até 30 de agosto de 2016, por sua vez, não endereçava regra específica a respeito da responsabilidade do cotista pelo patrimônio líquido negativo do fundo.

Não obstante, tal responsabilidade podia ser inferida da natureza condominial do fundo e da regra que estabelece como encargo do fundo a "parcela de prejuízos não coberta por apólices de seguro e não decorrente de culpa ou dolo dos prestadores dos serviços de administração no exercício de suas respectivas funções"[186], em conjunto com a obrigação de realização de aportes extraordinários contida no compromisso de investimento.

De modo a evitar incertezas e discussões, o mercado adotou como prática a expressa previsão, nos regulamentos de FIP, de responsabilidade do cotista pelo seu eventual patrimônio líquido negativo, indicando esse aspecto, inclusive, como um dos fatores de risco do investimento.

---

[185] Instrução CVM nº 409/2004, art. 1º, parágrafo único, I.
[186] Instrução CVM nº 578/2016, art. 45, VII.

Com a entrada em vigor da Instrução CVM nº 555/2014, eventuais incertezas foram eliminadas, porquanto, diferentemente do sistema da Instrução CVM nº 409/2004, a nova instrução "aplica-se a todo e qualquer fundo de investimento registrado junto à CVM, observadas as disposições das normas específicas aplicáveis a estes fundos"[187] e seu artigo 15 dispõe que:

> Art. 15. Os cotistas respondem por eventual patrimônio líquido negativo do fundo, sem prejuízo da responsabilidade do administrador e do gestor em caso de inobservância da política de investimento ou dos limites de concentração previstos no regulamento e nesta Instrução.

Desse modo, não há dúvidas que o cotista do FIP responde pelo eventual patrimônio líquido negativo do fundo.

Com efeito, é por meio desse dispositivo que se desencadeia um vasto feixe de responsabilidade indireta atribuível ao cotista do FIP, como se passará a expor.

3.2.1. Responsabilidade indireta relacionada à posição de controle em companhias investidas

O fundo de investimento em participações deve aplicar seu patrimônio preponderantemente em ações ou valores mobiliários de emissão de companhias abertas ou fechadas ou de títulos e valores mobiliários representativos de participação no capital de sociedade limitada e, por expressa disposição regulamentar, deve necessariamente participar do processo decisório da sociedade investida, "com efetiva influência na definição de sua política estratégica e na sua gestão"[188].

Nessa linha, para fins de cumprir o seu objetivo, o fundo pode vir a assumir a posição de controlador de sociedade investida, seja por meio da aquisição da maioria das ações com direito a voto (ou das cotas, conforme o caso), seja por meio da formação de (ou adesão a) bloco de controle, mediante a celebração de acordo de acionistas (ou de cotistas).

---

[187] Instrução CVM nº 555/2014, art. 1º.
[188] Instrução CVM nº 578/2016, art. 5º.

A RESPONSABILIDADE DO COTISTA DO FIP

Ao assumir a posição de controlador de sociedade investida, o FIP passa a se submeter ao regime de responsabilidade inerente à posição de controlador.

A respeito da responsabilidade dos fundos de *private equity*, Asdrubal Franco Nascimbeni registrou que:

> Mas, nem por isso – por ser um acionista, em princípio *temporário*, desapegado de certa forma do objeto social da companhia – deve ele ter diminuídas suas responsabilidades ante a sociedade e/ou terceiros. Ao assumir a condição de acionista, independentemente do prazo que permaneça nesta condição, receberá os bônus e também arcará com os ônus decorrentes dessa situação – até porque, como visto anteriormente, os investidores institucionais, em razão das suas vultosas disponibilidades financeiras e do seu poder econômico, têm influenciado, de maneira direta e expressiva, as relações internas nas companhias, bem como na eleição e orientação dos administradores, de forma resguardar seus interesses maiores (como verdadeiros capitalistas), estando atualmente organizados, de tal maneira, a se protegerem (v.g., por meio da recusa da adoção de alterações estatutárias que não sejam do seu agrado, entre outras formas)[189].

Conforme se demonstrou na Seção 2.3 deste trabalho, o controlador assume posição relevantíssima no âmbito da sociedade controlada e, por essa razão, está sujeito a um regime de responsabilidade distinto do aplicável aos demais sócios.

Enquanto os acionistas de companhia, como regra geral, respondem unicamente pelo preço de emissão das ações subscritas ou adquiridas e os sócios de sociedade limitada respondem pela integralização do capital social, o controlador está sujeito à responsabilidade por abuso do poder de controle (comissivo ou omissivo) e também ao risco de responsabilidade solidária e subsidiária, além das hipóteses de desconsideração da personalidade jurídica, decorrentes de obrigações da sociedade controlada.

Nesse contexto, sendo atribuída qualquer responsabilidade ao FIP que não seja resultante de ato praticado com culpa ou dolo pelo admi-

---

[189] NASCIMBENI. Asdrubal Franco. A aplicação da teoria da desconsideração da personalidade jurídica às sociedades anônimas. *Revista do Direito Bancário e do Mercado de Capitais*, São Paulo, n. 61, p. 161-162, jul./set. 2013.

nistrador e/ou gestor do fundo, pode-se afirmar que tal responsabilidade recairá indiretamente sobre os cotistas do FIP[190].

Sobre o tema, cabe transcrever a opinião de José Luis de Salles Freire e Martin Miralles Pose, no seguinte sentido:

> Caso as empresas-alvo não consigam honrar suas obrigações legais, e seja decretada a desconsideração de sua personalidade jurídica, tais obrigações podem atingir o fundo de investimento e, na falta de recursos deste, atingirão também os quotistas.
>
> [...]
>
> Porém, o cenário atual aponta para um relevante grau de exposição do FIP com relação às obrigações da empresa-alvo. Consequentemente, isso gera exposição aos próprios quotistas do fundo, que poderão ser compelidos a arcar com tais dívidas na hipótese de insuficiência de patrimônio do fundo[191].

Particularmente, no que diz respeito à possibilidade de responsabilização de FIP por débitos tributários de sociedades investidas, embora entenda-se tratar de conclusão equivocada, deve ser registrado que há opinião no sentido de que, em razão de relação de coligação ou controle, o fundo de investimento em participações seria responsável por débitos tributários da companhia investida. Veja-se:

> Assim, nos casos dos débitos previdenciários, a responsabilidade irá recair, por força do art. 30 da Lei nº 8.212/1991. Ou seja, deverá a autoridade fiscal, antes de redirecionar o crédito tributário ou efetuar o lançamento

---

[190] Registre-se, no entanto, que há quem entenda de forma diversa. Nesse sentido, Renata Weingrill Lancellotti manifestou-se no sentido de que "embora os fundos de *private equity* e *venture capital* constituídos na forma de condomínio não tenham personalidade jurídica, é o seu patrimônio que deve responder por eventuais obrigações e responsabilidades decorrentes de investimentos feitos. A responsabilidade do quotista é limitada às quotas do fundo por ele subscritas" (LANCELLOTTI, Renata Weingrill. Private equity e venture capital: responsabilidade limitada dos quotistas. *Revista Capital Aberto*. Edição Especial Private Equity. São Paulo, p. 45, ago. 2012).

[191] FREIRE, José Luis de Salles; POSE, Martin Miralles. Insegurança no ar – alterações na legislação e na jurisprudência aumentam a exposição dos FIPs às dívidas da empresa-alvo. *Revista Capital Aberto*. São Paulo, Ano 7, n. 75, p. 19, nov. 2009.

A RESPONSABILIDADE DO COTISTA DO FIP

fiscal, verificar quais sociedades são coligadas ou controladoras da empresa devedora. Caso o próprio fundo de *private equity* seja sócio coligado ele será pessoalmente responsável pelo crédito devido, sem solidariedade com a empresa devedora. Neste caso, não deverá a autoridade fiscal incluir, neste momento, o gestor do fundo, mas sim o próprio fundo, uma vez que este é o legítimo responsável pelo crédito[192].

Dessa forma, estando o FIP sujeito a responsabilidades inerentes à posição de controlador de sociedade investida, seus cotistas estarão sujeitos a sofrer os efeitos de eventual responsabilidade por abuso de poder de controle, desconsideração da personalidade jurídica e, ainda que a probabilidade possa ser considerada remota, responsabilidade tributária.

Há que se distinguir, entretanto, a responsabilização do FIP por ato praticado pelo seu administrador ou gestor com dolo ou culpa.

Com efeito, nos termos do artigo 33, § 5º, da Instrução CVM nº 578/2016, o administrador e os demais prestadores de serviços contratados (incluindo o gestor) responderão perante a CVM, na esfera de suas respectivas competências, por seus próprios atos e omissões contrários à lei, ao regulamento do fundo ou às disposições regulamentares aplicáveis. Por óbvio, tais prestadores de serviços também responderão perante os cotistas pelos prejuízos que lhes tenham causado com base nos referidos atos ou omissões, independentemente da responsabilidade administrativa perante a CVM.

A minuta de instrução destinada a substituir a Instrução CVM nº 391/2003, submetida a audência pública pela CVM (Audiência Pública SDM nº 05/2015)[193] e que veio posteriormente a se tornar a Instrução CVM nº 578/2016, contemplava dispositivo que estabelecia a obrigatoriedade da inclusão de cláusula de responsabilidade solidariedade entre o administrador e o gestor no contrato referente ao serviço de gestão de FIP. No entanto, em razão das críticas formuladas por diversos agentes no âmbito da referida audência pública, a obrigatoriedade de tal disposição

---

[192] MELO, Lucas Fonseca e. Responsabilidade tributária dos fundos de private equity e venture capital. *Revista Dialética de Direito Tributário – RDDT*, São Paulo, n. 192, p. 46, set. 2011.
[193] BRASIL. Comissão de Valores Mobiliários. Audiência Pública SDM nº 05/2015. Disponível em: <http://www.cvm.gov.br/audiencias_publicas/ap_sdm/2015/sdm0515.html>. Acesso em: 15 dez. 2016.

contratual foi suprimida, tendo o relatório da audiência pública apresentado a seguinte justificativa:

> A obrigação de se incluir cláusula de solidariedade no contrato firmado entre o administrador e o gestor foi excluída, tendo em vista o fato de que a carteira de investimento do FIP é significativamente diferente da carteira dos fundos regulados pela Instrução CVM nº 555, de 2014, e o fato das particularidades presentes na atuação do gestor e do administrador do FIP quando comparada com a sua atuação para os demais fundos. O gestor do FIP deve se fazer presente na administração da sociedade investida, tendo em vista a obrigação de o fundo influenciar na gestão dessa sociedade, o que não ocorre para os fundos da Instrução CVM nº 555, de 2014. Em algumas ocasiões, essa influência exercida na investida pode embutir determinados riscos para o gestor, os quais o administrador, em sendo solidário, também se sujeitaria. Entretanto, esse risco pode ser de difícil mensuração pelo administrador, ainda que exerça adequadamente o seu dever de diligência e monitoramento das atividades do FIP.
>
> [...]
>
> Por fim, a CVM ressalta que a exclusão da obrigação de se incluir cláusula de solidariedade no contrato entre o administrador e o gestor, não reduz as responsabilidades do administrador de monitorar e fiscalizar as atividades do gestor e de assegurar também o adequado cumprimento das disposições da Instrução e do regulamento do fundo.[194]

Em princípio, os efeitos de eventual responsabilização do FIP por terceiros, que tenha decorrido de ato praticado pelo gestor e/ou pelo administrador com culpa ou dolo, com violação da lei, das normas editadas pela CVM e do regulamento, não deverão, em última análise, recair sobre os cotistas, e sim sobre o administrador e/ou gestor, conforme o caso.

No entanto, tendo em vista que a responsabilidade será imputada, num primeiro momento, ao próprio fundo e, dada a sua natureza condominial, os cotistas sofrerão os efeitos imediatos da atribuição de responsabili-

---

[194] BRASIL. Comissão de Valores Mobiliários. Relatório de análise. Audiência Pública SDM nº 05/2015 – Processo CVM RJ-2012-10107, p. 57-8. Disponível em: <http://www.cvm.gov.br/audiencias_publicas/ap_sdm/2015/sdm0515.html>. Acesso em: 15 dez. 2016.

A RESPONSABILIDADE DO COTISTA DO FIP

dade ao FIP (por meio da redução do valor da cota ou pela necessidade de realização de aportes extraordinários para cobrir prejuízo).

Portanto, apenas num segundo momento é que os cotistas poderiam obter a reparação de tal prejuízo, por meio de ação de responsabilidade em face do administrador e/ou do gestor, conforme o caso.

De todo modo, será necessária prova de que o administrador e/ou gestor atuou com culpa ou dolo, o que pode ser de difícil produção. Os cotistas ainda terão o ônus de ingressar com uma ação judicial que pode ter um longo prazo de duração (durante o qual terão que arcar com as mais variadas despesas relacionadas ao processo, tais como custas, taxas e honorários de advogado), ao final da qual, caso obtenham sucesso, com a condenação do administrador e/ou gestor ao ressarcimento dos prejuízos causados, ainda dependerão destes possuírem (ou de os cotistas terem sido bem sucedidos em medida cautelar para fins de obtenção de medidas constritivas sobre) ativos disponíveis em montante suficiente para a correspondente indenização.

Esse aspecto – possibilidade de os cotistas sofrerem os efeitos imediatos de responsabilidade que, em última análise, não lhes deveria ser atribuída para só num segundo momento terem a possibilidade de se ressarcirem – demonstra, por si só, a ineficiência do sistema de responsabilidade no âmbito dos fundos de investimento em participações.

3.2.2. Responsabilidade indireta relacionada às garantias eventualmente prestadas pelo FIP

Outra possibilidade de responsabilidade indireta para o cotista é a relacionada à execução de garantias outorgadas pelo fundo.

Conforme já mencionado, o regulamento do fundo de investimento em participações deverá dispor sobre a possibilidade de a assembleia geral de cotistas deliberar sobre a prestação de fiança, aval, aceite ou qualquer forma de coobrigação, em nome do fundo.

Havendo, pois, previsão expressa no regulamento e deliberação regular da assembleia geral do FIP aprovando a prestação de garantia pelo fundo, o administrador poderá celebrar o competente instrumento para a outorga da garantia aprovada pelos cotistas, obrigando, dessa forma, o FIP.

Na hipótese de inadimplemento da obrigação garantida, o fundo será demandado, como garantidor, a realizar o correspondente pagamento.

Possuindo o FIP ativos líquidos disponíveis, o efeito da execução da garantia sobre os cotistas será a redução do patrimônio do fundo, com a consequente redução do valor da cota. Caso o FIP não possua ativos líquidos disponíveis, poderão ser penhoradas as ações ou outros valores mobiliários integrantes da carteira do fundo, cuja excussão geraria os mesmos efeitos acima indicados.

Existiria, ainda, a possibilidade de realização de aporte extraordinário pelos cotistas, para fins de pagamento da obrigação garantida sem que os ativos-alvo do fundo sejam penhorados e excutidos.

Nada obstante isso, o fundo está sujeito a uma responsabilidade direta relacionada à obrigação garantida e os cotistas, que sofrerão os efeitos de tal responsabilidade, submetem-se a uma responsabilidade indireta.

Sem dúvida, o fundo terá direito de regresso contra o titular da obrigação garantida em caso de execução da garantia. Porém, além de todos os percalços do processo judicial, correrá o risco de nada receber ao final, uma vez que, se a garantia foi executada, o titular da obrigação garantida, que não se prontificou a adimpli-la em seu vencimento, dificilmente terá meios para ressarcir seu garantidor.

3.3. Análise crítica do modelo em vigor à luz da evolução da teoria da limitação de responsabilidade

Como se buscou demonstrar ao longo do presente trabalho, o fundo de investimento em participações é um mecanismo de investimento coletivo destinado a captar recursos de investidores qualificados para aplicação em companhias (abertas ou fechadas) ou em sociedades limitadas em fase de desenvolvimento.

Se pelo lado do cotista (investidor) a aplicação de recursos em fundo de investimento em participações pode ser enxergada como investimento de alto risco com escopo lucrativo, pelo lado da sociedade que recebe investimento do FIP (investida), tal aplicação significa uma injeção de recursos em ativo empresarial inserido na economia real, que gera empregos, recolhe tributos, adquire insumos de fornecedores e contribui, de uma forma geral, para o desenvolvimento socioeconômico local, regional ou até mesmo nacional, de acordo com o porte da sociedade.

Em última análise, o investimento em cotas de um fundo de investimento em participações impulsiona a economia e potencializa o cumprimento da função social das sociedades investidas.

A RESPONSABILIDADE DO COTISTA DO FIP

É incontestável a contribuição da teoria da limitação de responsabilidade para a evolução das atividades econômicas e, consequentemente, da sociedade como um todo[195]. Com efeito, sem a implementação da limitação de responsabilidade, dificilmente se teria logrado êxito na aglutinação de capitais necessários para a realização de grandes empreendimentos, conforme bem observaram Alfredo Lamy Filho e José Luiz Bulhões Pedreira:

> Admitir que o agente econômico pudesse participar da atividade comercial com o risco limitado à parcela de seu patrimônio que ele próprio fixara constituiu, sem dúvida, a grande alavanca que deflagrou o processo de "socialização" do capital (como o chamou Galgano) e instrumentalizou o capitalismo para a realização das grandes obras antes só possíveis de serem realizadas pelo poder público. [...] parece-nos de inegável procedência a ponderação de muitos estudiosos no assunto, de que sem a limitação de responsabilidade teria sido impossível a organização das grandes empresas que hoje dominam o mundo econômico[196].

No mesmo sentido, vale transcrever, também, a seguinte opinião de Rodrigo Ferraz P. da Cunha:

> A evolução dos conceitos que levaram à criação da personalidade jurídica e da noção de limitação de responsabilidade deu-se por exigências econômicas e sociais que se apresentaram ao longo de séculos e que não podem simplesmente ser ignoradas. Foram necessidades práticas e sociais, favorecidas por circunstâncias históricas específicas, que determinaram seu reconhecimento.

---

[195] Sobre esse particular, MICKLETHWAIT, John. WOLLDRIDGE, Adrian. *A companhia – breve história de uma ideia revolucionária*. Rio de Janeiro: Objetiva, 2003, passim.
[196] LAMY FILHO, Alfredo e PEDREIRA, José Luiz Bulhões. *Direito das Companhias*, vol. 1, Rio de Janeiro: Forense, 2009, p. 2-5. Sobre esse particular, vale mencionar, também, ASCARELLI, Tullio. O princípio da responsabilidade limitada e o conceito de capital social. A tutela do capital social e as normas a respeito. In: *Problemas das sociedades anônimas e direito comparado*. São Paulo: Saraiva, 1969, p. 322 e EASTERBROOK, Frank H.; FISCHEL, Daniel R. Limited liability. In: *The Economic Structure of Corporate Law*. Harvard University Press: Cambridge, 1991 p. 40-62.

O alargamento do conceito de responsabilidade limitada, a partir do século XV, foi elemento essencial para o desenvolvimento econômico-social ocorrido a partir de então. O historiador Niall Ferguson, em dois de seus recentes estudos, *The West* e *Ascent of Money*, elenca entre os principais pilares do desenvolvimento da Europa, a solidificação do conceito de responsabilidade limitada. O florescimento da renascença, o desenvolvimento do comércio ultramarino, a própria criação dos Estados modernos e os investimentos bursáteis, inexistiram ou seriam gravemente afetados sem a maturação e aplicação do conceito de personalidade.

O certo é que os séculos de desenvolvimento demonstram a importância do instituto em seus mais diversos aspectos, evidenciando que, mais do que nunca, deve ele ser respeitado em nosso estado de direito. Os casos de desconsideração da personalidade, com o consequente alcance de bens de terceiros, devem se pautar pelo regime de exceção, em casos de abuso e fraude, como previsto em lei. Jamais o oposto, como bem diuturnamente ocorrendo[197].

Cumpre destacar que, por meio da Lei nº 12.441/2011[198], criou-se nova modalidade de pessoa jurídica – a EIRELI –, criando a possibilidade, para o empresário individual (tradicionalmente, um agente econômico com responsabilidade ilimitada segundo o ordenamento jurídico brasileiro), de constituir empresa individual de responsabilidade limitada e, assim, passar a se valer dos benefícios da limitação de sua responsabilidade para o exercício de atividade econômica.

Assim, é fácil concluir que, no atual estágio de desenvolvimento do instituto da limitação de responsabilidade[199], não é razoável que o mero investidor que aplica recursos em fundo de investimento em participa-

---

[197] CUNHA, Rodrigo Ferraz P. Apontamentos sobre a natureza jurídica da personalidade e a importância da limitação de responsabilidade das companhias. *In:* CASTRO, Rodrigo Rocha Monteiro de; WARDE JÚNIOR, Walfrido Jorge; GUERREIRO, Carolina Dias Tavares. (Coord). *Direito empresarial e outros estudos de direito em homenagem ao Professor José Alexandre Tavares Guerreiro.* São Paulo: Quartier Latin, 2013, p. 412.

[198] BRASIL. LEI Nº 12.441, de 11 de julho de 2011. Altera a Lei nº 10.406, de 10 de janeiro de 2002 (Código Civil), para permitir a constituição de empresa individual de responsabilidade limitada. Disponível em: <http://www.planalto.gov.br>. Acesso em: 11 dez. 2016.

[199] Sobre o tema, vide GONÇALVES, Oksandro. Os princípios gerais do direito comercial: autonomia patrimonial da pessoa jurídica, limitação e subsidiariedade da responsabilidade

ções, não possuindo poderes de gestão ou ingerência sobre recursos do fundo e, muito menos, sobre companhias que recebem investimentos do FIP, deva se sujeitar à possibilidade de vir a ser responsabilizado por obrigações das referidas companhias investidas.

O FIP, por si só, é modalidade de investimento de alto risco, conforme já se expôs acima, e a possibilidade de o seu cotista sofrer prejuízo superior ao preço de subscrição das cotas subscritas ou adquiridas é, no mínimo, incoerente.

Nessa linha, no âmbito da já mencionada Audiência Pública SDM Nº 05/2015, uma das maiores entidades fechadas de previdência complementar do Brasil chegou a sugerir a inclusão de dispositivos na instrução para estabelecer que os cotistas não responderiam por dívidas de sociedades investidas e que a responsabilidade dos cotistas pelo patrimônio negativo do fundo seria individual e proporcional à participação de cada cotista no FIP.

Tal sugestão, no entanto, não foi considerada pertinente pela CVM, que justificou sua negativa da seguinte forma:

> A CVM não considerou a sugestão pertinente e esclarece que não possui competência para impedir que os cotistas, no âmbito judicial, venham a ser responsabilizados por dívidas das sociedades investidas, ainda que tal responsabilização possa se mostrar desproporcional.[200]

Tendo em vista que a limitação de responsabilidade está associada à atribuição de personalidade jurídica a entidade distinta das pessoas físicas que dela participam, a natureza condominial dos fundos, que não possuem personalidade jurídica, se apresenta como um problema para a proteção dos investidores.

Com efeito, a atribuição da natureza jurídica de condomínio aos fundos de investimento merece sérias críticas porquanto a estrutura de

---

dos sócios pelas obrigações sociais. *Revista de Direito Bancário e do Mercado de Capitais*, São Paulo, v. 15, n. 58, p. 183-204, out./dez. 2012.

[200] BRASIL. Comissão de Valores Mobiliários. Relatório de análise. Audiência Pública SDM nº 05/2015 – Processo CVM RJ-2012-10107, p. 13. Disponível em: <http://www.cvm.gov.br/audiencias_publicas/ap_sdm/2015/sdm0515.html>. Acesso em: 15 dez. 2016.

funcionamento dos fundos é incompatível com a disciplina jurídica do condomínio em uma série de aspectos.

Os condomínios voluntários (também conhecidos como ordinários ou *pro indivisos*) são regulados pelo Código Civil nos artigos 1.314 a 1.330 e possuem, dentre outras características, as seguintes:

(i)   de acordo com o artigo 1.314, cada condômino pode usar da coisa conforme sua destinação, sobre ela exercer todos os direitos compatíveis com a indivisão, reivindicá-la de terceiro, defender a sua posse e alhear a respectiva parte ideal, ou gravá-la;

(ii) pode o condômino eximir-se do pagamento das despesas e dívidas, renunciando à parte ideal, nos termos do artigo 1.316;

(iii) as dívidas contraídas por um dos condôminos em proveito da comunhão, e durante ela, obrigam o contratante; mas terá este ação regressiva contra os demais, conforme estabelece o artigo 1.318; e

(iv) segundo o artigo 1.320, a todo tempo será lícito ao condômino exigir a divisão da coisa comum, respondendo o quinhão de cada um pela sua parte nas despesas da divisão.

Em primeiro lugar, o cotista de um fundo é titular de uma cota, que representa a expressão econômica de fração de um conjunto de ativos. Logo, o cotista pode exercer direitos sobre a cota, mas não sobre os ativos de titularidade do fundo. Assim, não pode o cotista se valer da autorização contida no artigo 1.314 do Código Civil para usar a coisa (patrimônio do fundo), reivindica-la de terceiros, defender sua posse e alhear ou gravar sua parte ideal. Tais prerrogativas seriam do administrador do fundo.

Da mesma forma, não pode o cotista contrair dívida em proveito da comunhão porquanto os poderes de representação do fundo são exclusivos do administrador, que pode delega-los, em parte, aos prestadores de serviço por ele contratados em nome do fundo.

Diferentemente do que dispõe o artigo 1.316 do Código Civil, o cotista de um fundo de investimento, sobretudo em razão do disposto no já comentado artigo 15 da Instrução CVM nº 555/2014, não pode renunciar à sua cota para eximir-se do pagamento de dívidas e despesas do fundo, na medida em que é responsável pelo seu patrimônio líquido negativo.

Ressalte-se, ainda, que não é facultado indistintamente aos cotistas "exigir a divisão da coisa comum", pois, no âmbito dos fundos fechados, as cotas somente poderão ser resgatas ao término do prazo de duração do fundo. Logo, os cotistas dos fundos fechados, como é o caso dos fundos de investimento em participações, deverão aguardar o encerramento do prazo de duração do fundo para obterem o seu quinhão.

Assim, resta demonstrada a inadequação do instituto do condomínio para reger a disciplina dos fundos de investimento[201].

Merece destaque a crítica formulada por Mário Tavernard Martins de Carvalho, para quem a Comissão de Valores Mobiliários estaria extrapolando sua competência ao estender e modificar o conceito de condomínio previsto em lei. Veja-se:

> Ademais, a CVM não poderia dispor que se trata de um condomínio e, ao mesmo tempo, contrariar uma série de normas imperativas que dispõem acerca deste instituto. Nesse diapasão, não teria a CVM competência para criar um condomínio dito *sui generis*. A instrução normativa não pode contrariar a legislação vigente[202].

Em uma palavra, segundo o sistema atualmente em vigor, chama-se de condomínio um mecanismo de investimento coletivo que não é, de fato, um condomínio e atribui-se aos participantes de tal mecanismo uma responsabilidade incompatível com a posição por eles assumida.

Nos Estados Unidos, país que tradicionalmente possui um dos mais robustos e sofisticados mercado de capitais, os fundos de *private equity* são estruturados por meio de veículos denominamos *limited partnership*

---

[201] Na literatura, dentre os autores que sustentam a inadequação da teoria condominial para reger a natureza jurídica dos fundos de investimento, pode-se mencionar FREITAS, Ricardo de Santos. *Natureza jurídica dos fundos de investimento*. São Paulo: Quartier Latin, 2005, p. 161-169; CARVALHO, Mario Tavernard Martins de. *Regime jurídico dos fundos de investimento*. São Paulo: Quartier Latin, 2012, p. 184-185 e OLIVA, Milena Donato. Indenização devida "ao fundo de investimento": qual cotista vai ser contemplado, o atual ou o da data do dano? *Revista dos Tribunais*, São Paulo, v. 100, n. 904, p. 81, fev. 2011 e ALONSO, Félix Ruiz. Os fundos de investimento. Condomínios mobiliários. *Revista da Faculdade de Direito, Universidade de São Paulo*, São Paulo, v. 66, p. 223-271, 1971.

[202] Mario Tarvernard Martins de. *Regime jurídico dos fundos de investimento*. São Paulo: Quartier Latin, 2012, p. 185.

ou *limited liability companies*[203], estruturas por meio das quais o administrador (*general partner*) possui responsabilidade ilimitada, mas os investidores (*limited partners*) respondem apenas pelas entradas às quais se comprometeram.

A respeito das principais vantagens da utilização de *limited partnerships* e *limited liability companies* como veículos de investimento, Scott W. Naidech aponta que:

> Private equity funds are typically formed as limited partnerships (LPs) or limited liability companies (LLCs). The principal advantages of using an LP or LLC as a fund vehicle include:
>
> • LPs and LLCs are "pass-through" entities for US federal income tax purposes and, therefore, are not subject to corporate income tax. Instead, the entity's income, gains, losses, deductions and credits are passed through to the partners and taxed only once at the investor level.
>
> • LPs and LLCs are generally very flexible business entities. US state LP and LLC statutes are typically default statutes, which allow many of the statutory provisions that would otherwise apply to be overridden, modified or supplemented by the specific terms of the LP or LLC agreement. This flexibility allows partners in an LP and members of an LLC to structure a wide variety of economic and governing arrangements.
>
> • The investors in the fund, like the stockholders in a corporation, benefit from limited liability. Unlike the partners in a general partnership, as a general matter, the limited partners of an LP and the members of an LLC are not personally liable for the liabilities of the LP or LLC. As result, an investor's obligations and liabilities to contribute capital or make other payments to (or otherwise in respect of) the fund are limited to its capital commitment and its share of the fund's assets, subject to certain exceptions and applicable law[204].

---

[203] A respeito de tais estruturas, ver HAMILTON, Robert W.; MACEY, Jonathan R.; MOLL, Douglas K. *Cases and materials on Corporations including Partnerships and Limited Liability Companies*. 11. Ed. West: St. Paul, Minnesota, 2010, passim e BLAKE, Johnatan; PATHAK, Ajay. Private Equity Fund Structuring. *Student Bar Review*. v. 19, special article, p. 1-11, 2007.

[204] NAIDECH, Scott W. Private Equity Fund Formation. Practical Note. *Practical Law*. Disponível em: <http://us.practicallaw.com/3-509-1324?q=private+equity+fund+formation>. Acesso em: 7 dez. 2016.

A RESPONSABILIDADE DO COTISTA DO FIP

Dessa forma, entende-se que a estrutura jurídica adotada no ordenamento brasileiro para disciplinar os fundos de investimento, sobretudo os fundos de investimento em participações, não cumpre corretamente a função para a qual se destinam. A exemplo do que ocorre nos Estados Unidos com os investidores dos fundos de *private equity*, deveria ser proporcionado ao cotista do FIP um ambiente de maior segurança, previsibilidade e limitação de responsabilidade.

3.3.1. Uma possível solução de *lege ferenda*
Demonstrada a inadequação da estrutura dos fundos de investimento em participações à função deles pretendida, surge o seguinte questionamento: seria possível o recurso a alguma técnica interpretativa para que a estrutura atualmente existente cumprisse com aquela função?

Pelo exposto ao longo deste trabalho, a resposta é negativa.

Da mesma forma, não há como ampliar ou modificar as normas destinadas à disciplina do condomínio constantes do Código Civil, bem como instituir a limitação de responsabilidade do cotista do fundo de investimento por outra maneira que não seja por lei federal.

Existem manifestações no sentido da necessidade de se elaborar uma lei específica para tratar dos fundos de investimento. Nessa linha, vale transcrever as opiniões manifestadas por Jairo Saddi em 2005 e Ricardo dos Santos Freitas em 2006, respectivamente:

> Uma preocupação atual consiste na melhoria do sistema de aplicação em fundos de investimento. Hoje, esses fundos são regidos pela Lei de Mercado de Capitais e por inúmeras instruções normativas expedidas pela CVM. A elevada quantidade de capital que movimentam e a revisão da Lei nº 4.728/65 são argumentos irrefutáveis de que é necessário criar com urgência uma lei específica para os fundos de investimento. O estabelecimento de uma responsabilidade mandatária, cuja presença, embora prevista no Código Civil, não se encontra na jurisdição brasileira, com a manutenção do formato de condomínio do fundo de investimento é uma das alternativas possíveis. Além disso, talvez fosse necessária a imposição de um limite mínimo na capitalização para as instituições administradoras dos fundos dessa natureza[205].

---

[205] SADDI, Jairo. Uma lei única para os fundos de investimento. *Jornal Carta Forense*. 01 ago. 2005. Disponível em: <http://www.cartaforense.com.br/conteudo/colunas/os-fundos-

A RESPONSABILIDADE DO COTISTA DE FUNDO DE INVESTIMENTO EM PARTICIPAÇÕES

Independentemente dessa constatação, parece-nos recomendável a elaboração de norma legal que fixe um conjunto mínimo de regras aplicáveis à figura dos fundos de investimento. Ainda que não se formule o conceito de instituições de investimento coletivo, como o fazem os países europeus, ao menos um regramento mínimo geral à figura do fundo se faz necessária[206].

Entende-se que a solução deve passar necessariamente pelo reconhecimento do fundo de investimento como espécie de pessoa jurídica com natureza própria, bem como pela instituição de uma disciplina básica comum a todos os fundos de investimento, com previsão expressa da limitação da responsabilidade dos cotistas.

Para tanto, seria necessário:

(i) a inclusão dos fundos de investimento no rol das pessoas jurídicas contempladas pelo artigo 44 do Código Civil;

(ii) a aprovação de lei que institua a disciplina legal básica aplicável a todos os fundos de investimento e estabeleça a limitação de responsabilidade dos cotistas;

(iii) revisão dos atos normativos expedidos pela CVM para fins de adequá-los à nova lei; e

(iv) ajustes pontuais nas normas tributárias, a fim de garantir ao fundo de investimento "pessoa jurídica" o mesmo tratamento tributário conferido ao fundo de investimento "condomínio".

Deve-se encarar esse problema com a seriedade que a importância dos fundos de investimento para a economia brasileira exige, passando-se a tratar o fundo de investimento como um instituto jurídico com natureza própria e não mais como condomínio.

Com a adoção destas medidas, além de se garantir maior nível de tecnicidade ao sistema jurídico, contribuir-se-á para a criação de um ambiente de maior segurança e previsibilidade para os investidores, o que tende a gerar o aumento dos investimentos e, consequentemente, da economia como um todo.

-assemelham-se-ao-modelo-germanico-de-condominio-em-que-a-pessoa-e-proprietaria-apenas-de-sua-parcela-ideal---e-nao-da-totalidade-da-coisa---agrupada-por-mera-conveniencia-economica/92>. Acesso em: 13 dez. 2016.

[206] FREITAS, Ricardo de Santos. *Natureza jurídica dos fundos de investimento*. São Paulo: Quartier Latin, 2005, p. 56.

CONCLUSÃO

De todo o exposto, pode-se inferir que:

(i) os fundos de investimento, ao lado das Entidades Fechadas de Previdência Complementar e das Companhias de Seguro são os protagonistas dos mercados financeiro e de capitais no Brasil;

(ii) em que pese existirem diversas teorias destinadas a explicar a natureza jurídica dos fundos de investimento (teorias condominial, comunidade de bens não condominial, propriedade em mão comum, propriedade fiduciária, societária e patrimônio separado), os fundos assumiram, no Brasil, a natureza de condomínio por expressa disposição legal;

(iii) o fundo de investimento em participações – FIP é uma comunhão de recursos destinados à aquisição de ações, bônus de subscrição, debêntures simples, outros títulos e valores mobiliários conversíveis ou permutáveis em ações de emissão de companhias, abertas ou fechadas, bem como títulos e valores mobiliários representativos de participação em sociedades limitadas, visando a sua valorização e posterior alienação com lucro;

(iv) o FIP deve participar do processo decisório das sociedades investidas, com efetiva influência na definição de sua política estratégica e na sua gestão;

(v) a participação do fundo no processo decisório das companhias investidas poderá ocorrer em razão da titularidade, pelo fundo, de ações (ou cotas) que integrem o bloco de controle da sociedade ou por meio da celebração de acordo de acionistas (ou de cotistas) ou negócio jurídico que assegure ao fundo o exercício de influência significativa na gestão das companhias investidas;

(vi) para se tornar cotista de FIP, deve-se realizar a subscrição de cotas e celebrar instrumento mediante o qual o investidor fique obrigado, sob as penas expressamente nele previstas, a integralizar o valor do capital comprometido à medida que o administrador do fundo fizer chamadas, de acordo com prazos, processos decisórios e demais procedimentos estabelecidos;

(vii) dentre os encargos atribuíveis ao FIP, destaca-se a "parcela de prejuízos não coberta por apólices de seguro e não decorrente de culpa ou dolo dos prestadores dos serviços de administração no exercício de suas respectivas funções". Esse dispositivo, somado à regra de responsabilidade dos cotistas pelo patrimônio líquido negativo do fundo prevista na Instrução CVM nº 555/2014 e à anuência às chamadas de capital às quais o investidor estará obrigado, nos termos do instrumento previsto no artigo 20, parágrafo primeiro, da Instrução CVM nº 578/2016, possibilita a responsabilização indireta do cotista do FIP por ato ou fato praticado pelo FIP;

(viii) no Brasil, o controle societário de companhia por acionistas pode assumir as formas majoritária e minoritária, possuindo o acionista controlador de companhia deveres e responsabilidades específicas, estabelecidas na Lei das S.A.;

(ix) dentre as responsabilidades do acionista controlador de companhia, podem-se mencionar a responsabilidade por abuso do poder de controle perante os demais acionistas e a responsabilidade administrativa perante a CVM (no caso das companhias abertas), além de outras responsabilidades decorrentes da posição de controlador conectadas a hipóteses de responsabilidade solidária ou subsidiária (relacionadas à legislações trabalhista, tributária e anticorrupção), além dos casos de desconsideração da personalidade jurídica (relacionadas à relações de consumo, à infração à ordem econômica, ao ressarcimento de danos ambientais, bem como nos casos de fraude ou abuso da personalidade jurídica);

(x) o cotista do FIP possui responsabilidade pela integralização das cotas subscritas. Considerando que o boletim de subscrição,

CONCLUSÃO

em conjunto com o compromisso de investimento e as comunicações de chamadas de capital (realizadas na forma prevista no regulamento), representa obrigação de pagar valor líquido, certo e exigível, bem como apresenta os requisitos exigidos pelo artigo 784, III, do Código de Processo Civil[207] para que seja caracterizado como título executivo extrajudicial, é admissível o ajuizamento de ação de execução em face do cotista para fins de cobrança de valores devidos à título de integralização de cotas e não pagos;

(xi) os cotistas de fundo de investimento em participações respondem pelo patrimônio líquido negativo do fundo;

(xii) ao assumir a posição de controlador de sociedade investida, o FIP passa a se submeter ao regime de responsabilidade inerente a essa situação;

(xiii) sendo atribuída qualquer responsabilidade decorrente da posição de controlador ao FIP que não seja resultante de ato praticado com culpa ou dolo pelo administrador e/ou gestor do fundo, pode-se afirmar que tal responsabilidade recairá indiretamente sobre os cotistas do FIP;

(xiv) nos termos do artigo 33, § 5º, da Instrução CVM nº 578/2016, o administrador e os demais prestadores de serviços contratados (incluindo o gestor) responderão perante a CVM, na esfera de suas respectivas competências, por seus próprios atos e omissões contrários à lei, ao regulamento do fundo ou às disposições regulamentares aplicáveis. Por óbvio, o administrador e o gestor também responderão perante os cotistas pelos prejuízos que lhes tenham causado com base nos referidos atos ou omissões, independentemente da responsabilidade administrativa perante a CVM. Todavia, tendo em vista que a responsabilidade será imputada, num primeiro momento, ao fundo e dada a sua natureza condominial, serão sempre os cotistas que sofrerão os efeitos imediatos da atribuição de responsabilidade ao FIP (por meio da redução do valor da cota ou pela necessidade de reali-

---

[207] BRASIL. Lei nº 13.105, de 16 de março de 2015. Código de Processo Civil: "Art. 784. São títulos executivos extrajudiciais: [...] III – o documento particular assinado pelo devedor e por 2 (duas) testemunhas; [...]".

zação de aportes extraordinários para cobrir prejuízo) e, apenas num segundo momento é que os cotistas poderiam obter a reparação de tal prejuízo, por meio de ação de responsabilidade em face do administrador e/ou do gestor, conforme o caso;

(xv) na hipótese de inadimplemento da obrigação garantida pelo FIP, o fundo será demandado, como garantidor, a realizar o correspondente pagamento. Possuindo o FIP ativos líquidos disponíveis, o efeito da execução da garantia sobre os cotistas será a redução do patrimônio do fundo, com a consequente redução do valor da cota. Caso o FIP não possua ativos líquidos disponíveis, poderão ser penhoradas as ações ou outros valores mobiliários integrantes da carteira do fundo, cuja excussão geraria os mesmos efeitos acima indicados. Existiria, ainda, a possibilidade de realização de aporte extraordinário pelos cotistas, para fins de pagamento da obrigação garantida sem que os ativos-alvo do fundo sejam penhorados e excutidos;

(xvi) no atual estágio de desenvolvimento do instituto da limitação de responsabilidade, não é razoável que o mero investidor que aplica recursos em fundo de investimento em participações, não possuindo poderes de gestão ou ingerência sobre recursos do fundo e, muito menos, sobre sociedades que recebem investimentos do FIP, deva se sujeitar à possibilidade de vir a ser responsabilizado por obrigações das referidas sociedades investidas;

(xvii) considerando que a limitação de responsabilidade está associada à atribuição de personalidade jurídica a entidade distinta das pessoas físicas que dela participam, a natureza condominial dos fundos, que não possuem personalidade jurídica, se apresenta como um problema para a proteção e delimitação dos riscos por parte dos investidores;

(xviii) a atribuição da natureza jurídica de condomínio aos fundos de investimento merece sérias críticas porquanto a estrutura de funcionamento dos fundos é incompatível com a disciplina jurídica do condomínio em uma série de aspectos;

(xix) segundo o sistema atualmente em vigor, chama-se de condomínio um mecanismo de investimento coletivo que não é, de fato, um condomínio e atribui-se aos participantes de tal meca-

CONCLUSÃO

nismo uma responsabilidade incompatível com a posição por eles assumida;

(xx) entende-se que a estrutura jurídica adotada no ordenamento brasileiro para disciplinar os fundos de investimento, sobretudo os fundos de investimento em participações, não cumpre corretamente a função para a qual se destinam;

(xxi) a solução para o problema exposto ao longo desta obra deve passar necessariamente pelo reconhecimento, por parte do ordenamento jurídico, do fundo de investimento como espécie de pessoa jurídica com natureza própria, bem como pela instituição de uma disciplina básica comum a todos os fundos de investimento, com previsão expressa da limitação da responsabilidade dos cotistas, medidas que, obviamente, demandam alteração de lei.

REFERÊNCIAS

Agência Brasileira De Desenvolvimento Industrial – ABDI. *Introdução ao Private Equity e Venture Capital para Empreendedores*. Brasília: Agência Brasileira de Desenvolvimento Industrial, 2011.

Aguiar Júnior, Ruy Rosado de. Aspectos dos fundos de investimento. In: Mussi, Jorge; Salomão, Luis Felipe; Maia Filho, Napoleão Nunes (Org.). *Estudos jurídicos em homenagem ao Ministro Cesar Asfor Rocha*. Ribeirão Preto, SP: Migalhas, 2012. (Cesar Asfor Rocha – 20 anos de STJ). p. 286-302. v. 3.

Alonso, Félix Ruiz. Os fundos de investimento. Condomínios mobiliários. *Revista da Faculdade de Direito*, São Paulo, v. 66, p. 223-271, 1971.

Alves, Alexandre Ferreira de Assumpção. *A desconsideração da personalidade jurídica à luz do direito civil-constitucional*: o descompasso das disposições do Código de Defesa do Consumidor com a disregard doctrine. 2003.404 f. Tese (Doutorado em Direito Civil) – Faculdade de Direito, Universidade do Estado do Rio de Janeiro, Rio de Janeiro, 2003.

___. Fundamentos da desconsideração da personalidade jurídica no sistema jurídico da *Common Law* e sua aplicação nos direitos inglês e norte-americano – influência no Código Brasileiro de Defesa do Consumidor. *In*: ALVES, Alexandre Ferreira de Assumpção; GAMA, Guilherme Calmon Nogueira da (Coord.).*Temas de direito civil-empresarial*. Rio de Janeiro, RJ: Renovar, 2008. p. 1-56.

___. Desconsideração da personalidade jurídica como instrumento jurídico de efetivação da reparação por danos ambientais. *Revista Semestral de Direito Empresarial – RSDE*, Rio de Janeiro, n. 2, p. 15-17, jan./jun. 2008.

Associação Brasileira Das Entidades Dos Mercados Financeiro e de Capitais – ANBIMA. Código ANBIMA de Regulação e Melhores Práticas de

Fundos de Investimentos. Disponível em: <http://www.anbima.com.br/circulares/arqs/cir2013000013_Codigo%20de%20Fundos_15032013_vf.pdf>. Acesso em 20 dez. 2016.

___. Código ABVCAP/ANBIMA de Regulação e Melhores Práticas para o Mercado de FIP e FIEE. Disponível em: <http://www.anbima.com.br/data/files/9F/61/C0/D2/2CC575106582A275862C16A8/C_digo_20ANBIMA_20ABVCAP_1_.pdf>. Acesso em 28 dez. 2016.

ARAGÃO, Paulo Cezar. Apontamentos sobre desvios no exercício do direito de voto: abuso de direito, benefício particular e conflito de interesses. In: CASTRO, Rodrigo Monteiro de; WARDE JÚNIOR, Walfrido Jorge; TAVARES GUERREIRO, Carolina Dias (Coord.). *Direito empresarial e outros estudos de direito em homenagem ao Professor José Alexandre Tavares Guerreiro*. São Paulo: Quartier Latin, 2013. p. 183-214.

ASCARELLI, Tullio. *Problemi Giuridici*. Milão: Giuffré, 1959.

___.*Problemas das sociedades anônimas e direito comparado*. 2. ed. São Paulo: Saraiva, 1969.

ASHTON, Peter Walter. *Companhias de investimento*. Rio de Janeiro: Edições Financeiras, 1963.

AVELINO, Luiz Filipi de Cristófaro. Os fundos de pensão e os fundos de investimento. *Revista de Previdência*, Rio de Janeiro, n. 9, p. 9-30, out. 2010.

BANCO CENTRAL DO BRASIL. *Juros e spread bancário*. Brasília: Banco Central do Brasil, 2014. 21 p. Disponível em: <http://www.bcb.gov.br/conteudo/home-ptbr/FAQs/FAQ%2001-Juros%20e%20Spread%20Banc%C3%A1rio.pdf>. Acesso em: 13 dez. 2016.

BALEEIRO, Aliomar. *Direito Tributário Brasileiro*. 11. ed. rev. e atual. Rio de Janeiro: Forense, 2009.

BARCELLOS, Alvacir de Sá. A desconsideração da personalidade jurídica nas execuções fiscais. *Revista da AGU*, Brasília, n. 28, p. 29-67, abr./jun. 2011.

BERNARDINO, Diogo. Fundos de venture capital e private equity: breve análise sobre sua evolução, características e importância. *Revista de Direito Bancário, do Mercado de Capitais e da Arbitragem*, São Paulo, v. 16, n. 61, p. 45-77, jul./set. 2013.

BERLE, Adolf A; MEANS, Gardiner C. *A moderna sociedade anônima e a propriedade privada*. Tradução de Dinah de Abreu Azevedo. São Paulo: Nova Cultural, 1988.

BERNSTEIN, Shai; LERNER, Josh; SORENSEN, Morten; STRÖMBERG, Per, Private Equity and Industry Performance. *Harvard Business School Entrepreneurial*

REFERÊNCIAS

Management Working Paper, n.10-045, 15 mar. 2010. Disponível em: <http://ssrn.com/abstract=1524829>. Acesso em 20 dez. 2016.

BESSADA, Octavio; BARBEDO, Claudio; ARAÚJO, Gustavo. *Mercado de derivativos no Brasil*. Conceitos, operações e estratégias. Rio de Janeiro: Record, 2009.

BLAKE, Johnatan; PATHAK, Ajay. Private Equity Fund Structuring. *Student Bar Review*, v. 19, special article, p. 1-11, 2007.

BLOK, Marcella. Abuso do poder de controle do acionista controlador nas sociedades anônimas. *Revista de Direito Bancário, do Mercado de Capitais e da Arbitragem*, São Paulo, v. 15, n. 56, p. 93-168, abr./jun. 2012.

BM&FBovespa Bolsa de Valores Mercadorias e Futuros. *Conceitos fundamentais*. São Paulo, BM&FBovespa. Disponível em: <http://www.bmfbovespa.com.br/Pdf/ConceitosFundamentais.pdf>. Acesso em 16 jun.2015.

_____. *Regulamento de listagem – Nível 2 de Governança Corporativa*. Disponível em: <http://www.bmfbovespa.com.br/pt_br/listagem/acoes/segmentos-de-listagem/nivel-2/>. Acesso em 23 dez. 2016.

_____. *Regulamento de Listagem do Novo Mercado*. Disponível em <http://www.bmfbovespa.com.br/pt_br/listagem/acoes/segmentos-de-listagem/novo-mercado/>. Acesso em 23 dez. 2016.

BOBBIO, Norberto. *Da estrutura à função*. Tradução de Daniela Beccaccia Versiani. Barueri-SP: Manole, 2008.

BOITEUX, Fernando Netto. *Responsabilidade civil do acionista controlador e da sociedade controladora*. Rio de Janeiro: Forense, 1988.

BORBA, José Edwaldo Tavares. *Direito Societário*. 10. ed. Rio de Janeiro: Renovar, 2007.

BRASIL. COMISSÃO DE VALORES MOBILIÁRIOS. Deliberação nº 501, de 3 de março de 2006. Dispõe sobre a incidência de juros de mora sobre débitos provenientes de multas aplicadas em Processo Administrativo Sancionador e multas cominatórias). Disponível em: <http://www.cvm.gov.br>. Acesso em 15 dez. 2016.

BRASIL. COMISSÃO DE VALORES MOBILIÁRIOS. Deliberação nº 538, de 5 de março de 2008. Dispõe sobre os processos administrativos sancionadores. Disponível em: <http://www.cvm.gov.br>. Acesso em 15 dez. 2016.

BRASIL. COMISSÃO DE VALORES MOBILIÁRIOS. Instrução nº 149, de 3 de julho de 1991. Dispõe sobre os Fundos Setoriais de Investimento em Ações. Disponível em: <http://www.cvm.gov.br>. Acesso em: 20 dez. 2016.

BRASIL. COMISSÃO DE VALORES MOBILIÁRIOS. Instrução nº 171, de 23 de janeiro de 1992. Dispõe sobre os Fundos Setoriais de Investimento em Ações do

Setor de Mineração. Disponível em: <http://www.cvm.gov.br>. Acesso em: 20 dez. 2016.

BRASIL. COMISSÃO DE VALORES MOBILIÁRIOS. Instrução nº 302, de 5 de maio de 1999. Dispõe sobre a constituição, a administração, o funcionamento e a divulgação de informações dos fundos de investimento em títulos e valores mobiliários. Disponível em: <http://www.cvm.gov.br>. Acesso em: 20 dez. 2016.

BRASIL. COMISSÃO DE VALORES MOBILIÁRIOS. Instrução nº 304, de 5 de maio de 1999. Dispõe sobre fundo de investimento em cotas de fundo de investimento em títulos e valores mobiliários. Disponível em: <http://www.cvm. gov.br>. Acesso em: 20 dez. 2016.

BRASIL. COMISSÃO DE VALORES MOBILIÁRIOS. Instrução nº 323, de 19 de janeiro de 2000. Define hipóteses de exercício abusivo do poder de controle e de infração grave. Disponível em: <http://www.cvm.gov.br>. Acesso em 15 dez. 2016.

BRASIL. COMISSÃO DE VALORES MOBILIÁRIOS. Instrução nº 391, de 16 de julho de 2003. Dispõe sobre a constituição, o funcionamento e a administração dos Fundos de Investimento em Participações. Disponível em: <http://www. cvm.gov.br>. Acesso em: 20 dez. 2016.

BRASIL. COMISSÃO DE VALORES MOBILIÁRIOS. Instrução nº 400, de 29 de dezembro de 2003. Dispõe sobre as ofertas públicas de distribuição de valores mobiliários, nos mercados primário ou secundário, e revoga a Instrução CVM nº 13, de 30 de setembro de 1980, e a Instrução CVM nº 88, de 3 de novembro de 1988. Disponível em: <http://www.cvm.gov.br>. Acesso em: 20 dez. 2016.

BRASIL. COMISSÃO DE VALORES MOBILIÁRIOS. Instrução nº 476, de 16 de janeiro de 2009. Dispõe sobre as ofertas públicas de valores mobiliários distribuídas com esforços restritos e a negociação desses valores mobiliários nos mercados regulamentados. Disponível em: <http://www.cvm.gov.br>. Acesso em: 20 dez. 2016.

BRASIL. COMISSÃO DE VALORES MOBILIÁRIOS. Instrução nº 542, de 20 de dezembro de 2013. Dispõe sobre a prestação de serviços de custódia de valores mobiliários. Disponível em: <http://www.cvm.gov.br>. Acesso em: 20 dez. 2016.

BRASIL. COMISSÃO DE VALORES MOBILIÁRIOS. Parecer de Orientação nº 34, de 18 de agosto de 2006.

REFERÊNCIAS

BRASIL. Comissão de Valores Mobiliários. Processo CVM nº RJ2005/4302. Colegiado. Rel. Wladimir Castelo Branco Castro. julg. em 20 de dez. 2005.

BRASIL. Comissão de Valores Mobiliários. Processo CVM nº RJ2007/1366. Colegiado. Rel. Superintendência de Registro de Valores Mobiliários. julg. em 27 de mar. 2007.

BRASIL. Comissão de Valores Mobiliários. Processo CVM nº RJ2007/5345. Colegiado. Rel. Superintendência de Registro de Valores Mobiliários. julg. em 05 de jun. 2007.

BRASIL. Comissão de Valores Mobiliários. Processo CVM nº RJ2007/10684. Colegiado. Rel. Superintendência de Registro de Valores Mobiliários. julg. em 02 de out. 2007.

BRASIL. Comissão de Valores Mobiliários. Processo CVM nº RJ2007/14146. Colegiado. Rel. Superintendência de Registro de Valores Mobiliários. julg. em 29 de jan. 2008.

BRASIL. Comissão de Valores Mobiliários. Processo CVM nº RJ2007/14899. Colegiado. Rel. Superintendência de Registro de Valores Mobiliários. julg. em 15 de jan. 2008.

BRASIL. Comissão de Valores Mobiliários. Processo CVM nº RJ2008/7011. Colegiado. Rel. Superintendente de Relações com Investidores Institucionais. julg. em 31 de mar. 2009.

BRASIL. Comissão de Valores Mobiliários. Processo CVM nº RJ2008/8253. Colegiado. Rel. Superintendente de Relações com Investidores Institucionais. julg. em 31 de mar. 2009.

BRASIL. Comissão de Valores Mobiliários. Processo CVM nº RJ2008/11489. Colegiado. Rel. Superintendente de Relações com Investidores Institucionais. julg. em 31 de mar. 2009.

BRASIL. Comissão de Valores Mobiliários. Processo CVM nº RJ2008/12400. Colegiado. Rel. Superintendente de Relações com Investidores Institucionais. julg. em 08 de dez. 2009.

BRASIL. Comissão de Valores Mobiliários. Processo CVM nº RJ2009/1293. Colegiado. Rel. Superintendente de Relações com Investidores Institucionais. julg. em 31 de dez. 2009.

BRASIL. Comissão de Valores Mobiliários. Processo CVM nº RJ2009/13070. Colegiado. Rel. Superintendente de Relações com Investidores Institucionais. julg. em 23 de mar. 2010.

BRASIL. Comissão de Valores Mobiliários. Processo CVM nº RJ2010/490. Colegiado. Rel. Superintendente de Relações com Investidores Institucionais. julg. em 23 de mar. 2010.

BRASIL. Comissão de Valores Mobiliários. Processo Administrativo Sancionador CVM nº 29/05. Colegiado. Rel. Dir. Eli Loria. julg. em 30 set. 2008.

BRASIL. Comissão de Valores Mobiliários. Processo Administrativo Sancionador CVM nº 2008/1815. Colegiado. Rel. Dir. Eli Loria. julg. em 28 abr. 2009.

BRASIL. Comissão de Valores Mobiliários. Processo Administrativo Sancionador CVM nº 04/2009. Colegiado. Rel. Dir. Ana Dolores Moura Carneiro de Novaes. julg. em 11 de jun. 2013.

BRASIL. Comissão de Valores Mobiliários. Processo Administrativo Sancionador CVM nº 18/2010. Colegiado. Rel. Dir. Ana Dolores Moura Carneiro de Novaes. julg. em 26 de nov. 2013.

BRASIL. Comissão de Valores Mobiliários. Processo Administrativo Sancionador CVM nº RJ2013/1402. Colegiado. Rel. Dir. Ana Dolores Moura Carneiro de Novaes. julg. em 22 de jul. 2014.

BRASIL. Comissão de Valores Mobiliários. Relatório de análise. Audiência Pública SDM nº 05/2015 – Processo CVM RJ-2012-10107. Disponível em: <http://www.cvm.gov.br/audiencias_publicas/ap_sdm/2015/sdm0515.html>. Acesso em 15 dez. 2016.

BRASIL. Conselho Monetário Nacional. Resolução nº 3.792, de 24 de setembro de 2009. Dispõe sobre as diretrizes de aplicação dos recursos garantidores dos planos administrados pelas entidades fechadas de previdência complementar. Disponível em: <http://www.bacen.gov.br>. Acesso em 28 nov. 2016.

BRASIL. Decreto-Lei nº 5.452, de 1º de maio de 1943. Aprova a Consolidação das Leis do Trabalho. Disponível em: <http://www.planalto.gov.br>. Acesso em 17 dez. 2016.

BRASIL. Decreto-Lei nº 9.603, de 16 de agosto de 1946. Disponível em: <http://www.planalto.gov.br>. Acesso em 20 dez. 2016.

BRASIL. Lei nº 4.595, de 31 de dezembro de 1964. Dispõe sobre a Política e as Instituições Monetárias, Bancárias e Creditícias, Cria o Conselho Monetário Nacional e dá outras providências. Disponível em: <http://www.planalto.gov.br>. Acesso em 13 dez. 2016.

REFERÊNCIAS

BRASIL. Lei nº 4.728, de 14 de julho de 1965. Disciplina o mercado de capitais e estabelece medidas para o seu desenvolvimento. Disponível em: <http://www.planalto.gov.br>. Acesso em 20 dez. 2016.

BRASIL. Lei nº 5.172, de 25 de outubro de 1966. Dispõe sobre o Sistema Tributário Nacional e institui normas gerais de direito tributário aplicáveis à União, Estados e Municípios. Disponível em: <http://www.planalto.gov.br>. Acesso em 17 dez. 2016.

BRASIL. Lei nº 8.078, de 11 de setembro de 1990. Dispõe sobre a proteção do consumidor e dá outras providências. Disponível em: <http://www.planalto.gov.br>. Acesso em 17 dez. 2016.

BRASIL. Lei nº 8.668, de 25 de junho de 1993. Dispõe sobre a constituição e o regime tributário dos Fundos de Investimento Imobiliário e dá outras providências. Disponível em: <http://www.planalto.gov.br>. Acesso em 20 dez. 2016.

BRASIL. Lei nº 9.605, de 12 de fevereiro de 1998. Dispõe sobre as sanções penais e administrativas derivadas de condutas e atividades lesivas ao meio ambiente, e dá outras providências. Disponível em: <http://www.planalto.gov.br>. Acesso em 20 dez. 2016.

BRASIL. Lei nº 10.522, de 19 de julho de 2002. Dispõe sobre o Cadastro Informativo dos créditos não quitados de órgãos e entidades federais e dá outras providências. Disponível em: <http://www.planalto.gov.br>. Acesso em 17 dez. 2016.

BRASIL. Lei nº 12.441, de 11 de julho de 2011. Altera a Lei nº 10.406, de 10 de janeiro de 2002 (Código Civil), para permitir a constituição de empresa individual de responsabilidade limitada. Disponível em: <http://www.planalto.gov.br>. Acesso em 11 dez. 2016.

BRASIL. Lei nº 12.529, de 30 de novembro de 2011. Estrutura o Sistema Brasileiro de Defesa da Concorrência; dispõe sobre a prevenção e repressão às infrações contra a ordem econômica; altera a Lei no 8.137, de 27 de dezembro de 1990, o Decreto-Lei no 3.689, de 3 de outubro de 1941 – Código de Processo Penal, e a Lei no 7.347, de 24 de julho de 1985; revoga dispositivos da Lei no 8.884, de 11 de junho de 1994, e a Lei no 9.781, de 19 de janeiro de 1999; e dá outras providências. Disponível em <http://www.planalto.gov.br>. Acesso em 17 dez. 2016.

BRASIL. Lei nº 11.478, de 29 de maio de 2007. Institui o Fundo de Investimento em Participações em Infraestrutura (FIP-IE) e o Fundo de Investimento em Participação na Produção Econômica Intensiva em Pesquisa, Desenvolvimento e Inovação (FIP-PF&I) e dá outras providências. Disponível em: <http://www.planalto.gov.br>. Acesso em 20 dez. 2016.

BRASIL. Lei nº 13.043, de 13 de novembro de 2014. Dispõe sobre os fundos de índice de renda fixa, sobre a responsabilidade tributária na integralização de cotas de fundos ou clubes de investimento por meio da entrega de ativos financeiros, sobre a tributação das operações de empréstimos de ativos financeiros e sobre a isenção de imposto sobre a renda na alienação de ações de empresas pequenas e médias; [...] e dá outras providências. Disponível em: <http://www.planalto.gov.br>. Acesso em 20 dez. 2016.

BRASIL. RECEITA FEDERAL DO BRASIL. Instrução Normativa nº 1634, de 6 de maio de 2016. Dispõe sobre o Cadastro Nacional da Pessoa Jurídica (CNPJ). Disponível em: <http://normas.receita.fazenda.gov.br>. Acesso em: 20 dez. 2016.

BRASIL. SUPERIOR TRIBUNAL DE JUSTIÇA. AgRg no REsp 1468257/SP. Segunda Turma. Rel. Ministro Og Fernandes, julg. em 09 dez. 2014, DJe 18 dez. 2014.

BRASIL. SUPERIOR TRIBUNAL DE JUSTIÇA. AgRg no AREsp 608.701/SC. Primeira Turma. Rel. Ministro Sérgio Kukina, julg. em 24 fev. 2015, DJe 03 mar. 2015.

BRASIL. SUPERIOR TRIBUNAL DE JUSTIÇA. AgRg no REsp 1106072/MS. Quarta Turma. Rel. Ministro Marco Buzzi, julg. em 02 set. 2014, DJe 18 set. 2014.

BRASIL. SUPERIOR TRIBUNAL DE JUSTIÇA. AgRg no REsp 1338571/PE, Primeira Turma. Rel. Ministro Napoleão Nunes Maia Filho, julg. em 28 abr. 2015, DJe 14 mai. 2015.

BRASIL. SUPERIOR TRIBUNAL DE JUSTIÇA. AgRg no REsp 1497599/SP. Primeira Turma. Rel. Ministro Napoleão Nunes Maia Filho. julg. em 10 fev. 2015, DJe 26 fev. 2015.

BRASIL. SUPERIOR TRIBUNAL DE JUSTIÇA. EREsp 1306553/SC. Segunda Seção. Rel. Ministra Maria Isabel Gallotti, julg. em 10 dez. 2014, DJe 12 dez. 2014.

BRASIL. SUPERIOR TRIBUNAL DE JUSTIÇA. REsp 15247/RJ. Terceira Turma. Rel. Min. Dias Trindade. julg. em 10 dez. 1991, DJ 17 fev.1992.

BRASIL. SUPERIOR TRIBUNAL DE JUSTIÇA. REsp 798.264/SP, Rel. Ministro CARLOS ALBERTO MENEZES DIREITO, Rel. p/ Acórdão Ministra NANCY ANDRIGHI, TERCEIRA TURMA, julg. em 06 fev. 2007, DJ 16 abr. 2007, p. 189.

BRASIL. SUPERIOR TRIBUNAL DE JUSTIÇA. REsp 201001717553. Quarta Turma. Rel. Min. João Otávio de Noronha. Rel. p/ Acórdão Min. Raul Araújo, julg. em 23 set. 2014, DJe 06 nov. 2014.

REFERÊNCIAS

BRASIL. Superior Tribunal de Justiça. REsp 1498444/SP. Segunda Turma. Rel. Ministro Herman Benjamin, julg. em 16 dez. 2014, DJe 03 fev. 2015.

BRASIL. Tribunal Regional do Trabalho da 1ª Região. Agravo de Petição 0058900-60.2003.5.01.0052 – RTOrd – RO. 1ª Turma. Relator Des. Mário Sérgio Medeiros Pinheiro. julg. em06 maio 2014. DJ 30 maio 2014.

BRASIL. Tribunal Regional do Trabalho da 1ª Região. Agravo de Petição 0090900-11.2006.5.01.0052 – RTOrd. 10ª Turma. Relatora Des. Rosana Salim Villela Travesedo. julg. emfev. 2014. DJ 07 mar. 2014.

BRASIL. Tribunal Regional do Trabalho da 12ª Região. Agravo de Petição 00098-2006-012-12-85-6. 6ª Câmara. Relatora Juíza. Ligia M. Teixeira Gouvêa. julg. em 26 ago. 2014. DO 03 set. 2014.

BRASIL. Tribunal Regional Federal da 3ª Região. Agravo de Instrumento 0017488-89.2013.4.03.0000, Segunda Turma, Rel. Des. Antonio Cedenho, julg. em 09 dez. 2014. DJU 18 dez. 2014.

BRASIL. Superintendência Nacional de Previdência Complementar – PREVIC. Ofício Circular Conjunto nº 001/2014/DIACE/DIFIS/DITEC/PREVIC, de 24 de março de 2014. Disponível em: <http://www.ancep.org.br/wp/wp-content/uploads/2014/03/OFICIO_CIRCULA_001_24_03_2014_DIACE.pdf>. Acesso em: 28 nov. 2016.

Brecho, Renato Lopes. A responsabilidade tributária de terceiros na jurisprudência como indicativo para a necessidade de revisão da súmula 435 do STJ. *Revista Dialética de Direito Tributário*, São Paulo, n. 213, p. 127-139, jun. 2013.

____. Redirecionamento da execução fiscal contra sócio-gerente: considerações à luz dos princípios da legalidade, da eficiência administrativa e da duração razoável do processo. *Revista do Advogado*, São Paulo, v. 32, n. 118, p. 137-147, dez. 2012.

Cantidiano, Luiz Leonardo. Regulação do mercado de valores mobiliários. *In:* Cantidiano. Luiz Leonardo; Muniz, Igor. (Org.). *Temas do direito bancário e do mercado de capitais*. Rio de Janeiro: Renovar, 2014, p. 3-15.

____. A alienação e aquisição de controle. *Revista de Direito Bancário e do Mercado de Capitais*, São Paulo, v. 9. n. 34, p. 341, out./dez. 2006.

____. Abuso de poder do controlador. *Revista da CVM*, Rio de Janeiro, v. 5, n. 15, p. 26-29, jan./mar. 1987.

____. Análise crítica do Parecer de Orientação CVM 34. *Revista de direito bancário e do mercado de capitais*, São Paulo, v. 11, n. 41, p. 133-147, jul./set. 2008.

Carvalho, Mario Tarvernard Martins de. *Regime jurídico dos fundos de investimento*. São Paulo: Quartier Latin, 2012.

A RESPONSABILIDADE DO COTISTA DE FUNDO DE INVESTIMENTO EM PARTICIPAÇÕES

CARVALHOSA, Modesto. *Considerações sobre a lei anticorrupção das pessoas jurídicas*. São Paulo: Revista dos Tribunais, 2015.

____. Responsabilidade Civil de Administradores e de Acionistas Controladores Perante a Lei das S/A. *Revista dos Tribunais*, São Paulo, v. 83, n. 699, p. 36-48, jan. 1994.

CASTELLO BRANCO, Carlos Eduardo. Um estudo sobre a indústria de fundos de investimentos imobiliários no Brasil. *Revista do BNDES*, Rio de Janeiro, v. 10, n. 20, p. 261-296, dez. 2003.

CASTELO, Jorge Pinheiro. A responsabilidade patrimonial executiva do ex-sócio na execução trabalhista. *Revista do Direito Trabalhista*, Brasília. v. 20, n. 6, p. 20-28, jun. 2014.

____. Conflito de competência: execução trabalhista sobre bens do sócio da empresa falida ou em recuperação judicial. *Revista do Direito Trabalhista*, Brasília, v. 20, n. 1, p. 10-13, jan. 2014.

CASTRO, José Nilo de. Fundo de Investimento. *Interesse Público*, São Paulo, v. 5, n. 23, p. 143-155, jan./fev. 2004.

CLAUS, Ben-Hur Silveira. A desconsideração de personalidade jurídica na execução trabalhista: aspectos teóricos e aplicação em situações concretas. *Revista do Tribunal Regional do Trabalho da 4ª Região*, Porto Alegre, v. 39, n. 38, p. 61-88, dez. 2010.

COELHO, Fábio Ulhoa. *Curso de direito comercial*. 14. ed. São Paulo: Saraiva, 2010.V. 2.

____.*Desconsideração da personalidade jurídica*. São Paulo: Ed. Revista dos Tribunais, 1989.

____. A cessão de crédito ao consumidor para FIDCs. *Revista de Direito Bancário, do Mercado de Capitais e da Arbitragem*, São Paulo, v. 16, n. 60, p. 189-201, abr./jun. 2013.

____. O conceito de poder de controle na disciplina jurídica da concorrência. *Revista do Instituto dos Advogados de São Paulo*, São Paulo, v. 2, n. 3, p. 19-25, jan./jun. 1999.

COMISSÃO DE VALORES MOBILIÁRIOS. *O mercado de valores mobiliários brasileiro*. 3. ed. Rio de Janeiro: Comissão de Valores Mobiliários, 2014.

COMPARATO, Fábio Konder; FILHO, Calixto Salomão. *O Poder de Controle na Sociedade Anônima*. Rio de Janeiro: Forense, 2008.

____. Função social da propriedade dos bens de produção. *Revista de Direito Mercantil, Industrial, Econômico e Financeiro*,São Paulo, n. 63, p. 75, jul./set. 1986.

REFERÊNCIAS

COSTA, Jorge Leal Espínola. O alargamento da *disregard doctrine* no Brasil e a responsabilização pessoal dos sócios no âmbito das sociedades empresariais limitadas: uma necessidade de sistematização pelo direito. *ADV Advocacia Dinâmica: seleções jurídicas*, Rio de Janeiro, n. 09, p. 15-41, set. 2011.

CUNHA, Rodrigo Ferraz P. Apontamentos sobre a natureza jurídica da personalidade e a importância da limitação de responsabilidade das companhias. *In:* CASTRO, Rodrigo Rocha Monteiro de; WARDE JÚNIOR, Walfrido Jorge; GUERREIRO, Carolina Dias Tavares. (Coord). *Direito empresarial e outros estudos de direito em homenagem ao Professor José Alexandre Tavares Guerreiro*. São Paulo: Quartier Latin, 2013, p. 371-412.

D'AVILA, Anderson Jardim. Os fundos de *private equity* e o direito concorrencial brasileiro. *Revista de Direito da Concorrência*, Brasília, n. 24, p. 123-135, set./out. 2011.

DE LUCCA, Newton. Responsabilidade Civil dos Administradores das Instituições Financeiras. *Revista de direito Mercantil, Industrial, Econômico e Financeiro*,São Paulo, v. 26, n. 67, p. 32-38, jul./set. 1987.

DERBLI, Felipe. Inovação na gestão de ativos imobiliários dos regimes próprios de previdência social: uma proposta de securitização. *Revista de Previdência*, Rio de Janeiro, n. 8, p. 101-127, jul. 2009.

DUBEUX, Julio Ramalho. *A Comissão de Valores Mobiliários e os principais instrumentos regulatórios do mercado de capitais brasileiro*. Porto Alegre: Sergio Antonio Fabris Editor, 2006.

EASTERBROOK, Frank H.; FISCHEL, Daniel R. Limited liability. *The Economic Structure of Corporate Law*. Harvard University Press: Cambridge, 1991.

EIZIRIK, Nelson. *A Lei das S/A comentada*. São Paulo: Quartier Latin, 2011.V. I.

___. O mito do "controle gerencial" – alguns dados empíricos. *Revista de Direito Mercantil, Industrial, Econômico e Financeiro*, São Paulo, n. 66, abr./jun. 1987, p. 103-106.

EIZIRIK, Nelson. et al. *Mercado de capitais – regime jurídico*. 3. ed. Rio de Janeiro: Renovar, 2011.

FAGUNDES, João Paulo F. A. Os Fundos de investimentos em direitos creditórios à luz das alterações promovidas pela instrução CVM 393. *Revista de Direito Mercantil, Industrial, Econômico e Financeiro*, São Paulo, v. 42, n. 132, p. 96-105, out./dez. 2003.

FERRAN, Eilis. The regulation of hedge funds and private equity: a case study in the development of the EU's regulatory response to the financial crisis. *Uni-*

A RESPONSABILIDADE DO COTISTA DE FUNDO DE INVESTIMENTO EM PARTICIPAÇÕES

versity of Cambridge Faculty of Law Research Paper No. 10/2011. 15 fev. 2011. Disponível em: <http://ssrn.com/abstract=1762119>. Acesso em 18 dez. 2016.

FERREIRA, Aurélio Buarque de Holanda. *Minidicionário da língua portuguesa.* Rio de Janeiro: Nova Fronteira, 1993.

FIPS imobiliários: "filé" não pode ficar só com o estruturador. *Revista Fundos de Pensão,* São Paulo, n. 339, p. 20-24, abr. 2008.

FRANÇA, Erasmo Valladão Azevedo e Novaes. Dever de lealdade do acionista controlador por ocasião da alienação do controle: dever de maximização do valor das ações dos acionistas não controladores: interpretação de estatuto de companhia aberta: possibilidade de cumulação de OPAS. *Revista de Direito Mercantil, Industrial, Econômico e Financeiro,* São Paulo, v. 50, n. 158, p. 251-266, abr./jun. 2011.

____. Ainda o conceito de benefício particular: anotações ao julgamento do processo CVM n. RJ-2009/5.811.*Revista de Direito Mercantil, Industrial, Econômico e Financeiro,* São Paulo, v. 47, n. 149/150, p. 293-322, jan./dez. 2008.

____. Atos e operações societárias em fraude à lei, visando à tomada ilícita do controle de companhia aberta: abuso do poder de controle e conflito de interesses caracterizados: invalidade. *Revista de Direito Mercantil, Industrial, Econômico e Financeiro,* São Paulo, v. 45, n. 143, p. 255-270, jul./set. 2006.

____. Parecer sobre: a natureza jurídica dos fundos de investimento; conflito de interesses apurado pela própria assembleia de quotistas; quórum qualificado para destituição de administrador de fundo. *Revista de Direito Empresarial,* Curitiba, n. 6, p. 11-39, jul./dez. 2006.

FRANCO, Antonio Celso Pinheiro. Fundo de investimento imobiliário. *Revista do Instituto dos Advogados de São Paulo,* São Paulo, v. 8, n. 15, p. 348-352, jan./jun. 2005.

FRANCO, Juliana Maia Pinheiro. Regulamentação aplicável às atividades de administração de fundos de investimento e de carteiras de valores mobiliários. *Revista do Instituto dos Advogados de São Paulo,* São Paulo, v. 15, n. 29, p. 211-227, jan./jun. 2012.

FRAZÃO, Ana. *Função social da empresa. Repercussões sobre a responsabilidade civil de controladores e administradores de S/As.* Rio de Janeiro: Renovar, 2011.

FREIRE, José Luis de Salles; POSE, Martin Miralles. Insegurança no ar – alterações na legislação e na jurisprudência aumentam a exposição dos FIPs às dívidas da empresa-alvo. *Revista Capital Aberto,* São Paulo, Ano 7, n. 75, p. 19, nov. 2009.

REFERÊNCIAS

FREITAS, Ricardo de Santos. *Natureza jurídica dos fundos de investimento*. São Paulo: Quartier Latin, 2005.

GAGGINI, Fernando Schwarz. *Fundos de investimento no direito brasileiro*. São Paulo: Livraria e Editora Universitária de Direito, 2001.

GALLO, Giovanna Mazetto; DIAS, Amanda Tayar Duarte. Impedimento de voto dos controladores na assembleia geral relativa à incorporação: comentários à decisão da CVM no processo administrativo CVM RJ/2009/5811. *Revista de Direito Bancário e do Mercado de Capitais*, São Paulo, v. 13, n. 48, p. 363-371, abr./jun. 2010.

GOMES, Orlando. *Direitos reais*. Rio de Janeiro: Forense, 2002.

GONÇALVES, Oksandro. *Desconsideração da Personalidade Jurídica*. 1. ed. Curitiba: Juruá Editora, 2004.

GONÇALVES, Oksandro. Os princípios gerais do direito comercial: autonomia patrimonial da pessoa jurídica, limitação e subsidiariedade da responsabilidade dos sócios pelas obrigações sociais. *Revista de Direito Bancário e do Mercado de Capitais*, São Paulo, v. 15, n. 58, p. 183-204, out./dez. 2012.

GREBLER, Eduardo. A Responsabilidade do acionista controlador frente ao acionista minoritário na sociedade anônima brasileira. *Revista dos Tribunais*, São Paulo, v. 82, n. 694, p. 35-42, ago. 1993.

GUERREIRO, José Alexandre Tavares. Sociologia do poder na sociedade anônima. *Revista de Direito Mercantil, Industrial, Econômico e Financeiro*, São Paulo, v. 29, n. 77, p. 50-56, jan./mar. 1990.

___. Sociedade Anônima: poder e dominação. *Revista de Direito Mercantil, Industrial, Econômico e Financeiro*, São Paulo, n. 53, p. 73 jan./mar. 1984.

GUIMARÃES, Marcio de Souza. Aspectos modernos da teoria da desconsideração da personalidade jurídica. *Revista da EMERJ*, Rio de Janeiro, v. 7, n. 25, p. 232-235, 2004.

HAMILTON, Robert W.; MACEY, Jonathan R.; MOLL, Douglas K. *Cases and materials on Corporations including Partnerships and Limited Liability Companies*. 11. Ed. West: St. Paul, Minnesota, 2010.

HARADA, Kiyoshi. Cessão de direitos creditórios representados por royalties decorrentes de exploração de recursos minerários para um fundo de investimento em direitos creditórios (FIDC) com a finalidade de obter recursos financeiros para expansão da infraestrutura da cidade. *Boletim de Direito Municipal*, São Paulo, v. 28, n. 4, p. 213-220, abr. 2012.

HARRIS, Lee. A critical theory of private equity. *Delaware Journal of Corporate Law (DJCL)*. v. 35, n. 1, 2010. Disponível em: <http://ssrn.com/abstract=1557360>. Acesso em 13 dez. 2016.

HONG, Byung Soo. Fundos de investimento em direitos creditórios: novas regras. *Consulex: Revista Jurídica*, Brasília, v. 17, n. 390, p. 51, abr. 2013.

___. Lei nº 12.844/13: benefício fiscal para FIDCS pode alavancar projetos de infraestrutura. *Consulex: Revista Jurídica*, Brasília, v. 17, n. 400, p. 60-61, set. 2013.JUNIOR, Ecio Perin. *Preservação da Empresa na Lei de Falências*. São Paulo: Saraiva, 2009.

KINCHESCKI, Cristiano. Tributação dos fundos de investimento imobiliário e de seus cotistas: imposto de renda e imposto sobre operações relativas a títulos e valores mobiliários. *Revista Dialética de Direito Tributário*, São Paulo, n. 180, p. 20-28, set. 2010.

KPMG. ACI – Audit Comittee Institute. *A Governança Corporativa e o Mercado de Capitais*. Disponível em: <https://assets.kpmg.com/content/dam/kpmg/br/pdf/2016/12/br-estudo-governanca-corporativa-2016-2017-11a-edicao--final.pdf>. Acesso em 28 dez. 2016

LAMY FILHO, Alfredo e PEDREIRA, José Luiz Bulhões. *Direito das Companhias*. Rio de Janeiro: Forense, 2009. V.1.

LAMY FILHO, Alfredo. O acionista controlador e a nova Lei de sociedades por ações. *Revista de Direito Econômico*, Rio de Janeiro, v. 6, n. 13, p. 61-67, jan./abr. 1980.

LANCELLOTTI, Renata Weingrill. Private equity e recuperação judicial. *In:Direito recuperacional:* aspectos teóricos e práticos. São Paulo: Quartier Latin, 2009, p. 295-337.

___. Private equity e venture capital: responsabilidade limitada aos quotistas. *Revista Capital Aberto*, São Paulo, n. 35, p. 45, ago. 2012.

LAZZARESCHI NETO, Alfredo Sérgio. Efeitos da aprovação das contas e das demonstrações financeiras das companhias,*Revista de Direito Mercantil, Industrial, Econômico e Financeiro.* São Paulo, v. 49, n. 155/156, p. 139-156, ago./dez. 2010.

LEÃES, Luiz Gastão Paes de Barros. Da responsabilidade profissional dos auditores independentes: acionista controlador e outros vs. Cia. de Auditoria. *Revista de Direito Bancário e do Mercado de Capitais*, São Paulo, v. 17, n. 63, p. 203-218, jan./mar. 2014.

REFERÊNCIAS

____. Desconsideração da personalidade e sucessão empresarial. *Revista de Direito Bancário, do Mercado de Capitais e da Arbitragem*, São Paulo, v. 10, n. 38, p. 204-218, out./dez. 2007.

LEITE, Eliana. O acionista controlador e a nova Lei de sociedades por ações. *Revista Jurídica Lemi*, Belo Horizonte, v. 14, n. 168, p. 22-32, nov. 1981.

LIN, Lin.The private equity limited partnership in China: a critical evaluation of active limited partners. *Journal of Corporate Law Studies*. v. 13, n. 1, p. 185-217, abr. 2013. Disponível em: <http://ssrn.com/abstract=2260544>. Acesso em 15 dez. 2016.

LIRA, Ricardo Pereira. Fundo de investimento em ações. Investidura do administrador: negócio jurídico atípico. *Revista Forense*, Rio de Janeiro, v. 102, n. 387, p. 253-262, set./out. 2006.

LOBO, Carlos Augusto da Silveira. Reflexões sobre a responsabilidade do acionista controlador. *Revista de Direito Renovar*, Rio de Janeiro, n. 12, p. 41-53, set./dez. 1998.

LOBO, Jorge. Abuso de poder do acionista controlador. *Consulex: Revista Jurídica*, Brasília, v. 10, n. 239, p. 39, dez. 2006.

____. Fraude a realidade e integridade do capital social das sociedades anônimas. *Revista de Direito Mercantil, Industrial, Econômico e Financeiro*, São Paulo, v. 27, n. 70, p. 52-64, abr./jun. 1988.

LONGO, José Henrique. Fundos de Investimento. *Revista Tributária das Américas*, São Paulo, v. 3, n. 6, p. 283-303, jul./dez. 2012.

LOPES, Jose Reinaldo de Lima. O acionista controlador na Lei das Sociedades por Ações. *Revista dos Tribunais*, São Paulo, v. 68, n. 520, p. 319-325, fev. 1979.

MACEDO. Ricardo Ferreira de. *Controle não societário*. Rio de Janeiro: Renovar, 2004.

____. Limites de efetividade do direito societário na repressão ao uso disfuncional do poder de controle nas sociedades anônimas. *Revista de Direito Mercantil, Industrial, Econômico e Financeiro*, São Paulo, v. 39, n. 118, p. 167-198, abr./jun. 2000.

MACHADO, Hugo de Brito. *Comentários ao Código Tributário Nacional*. São Paulo: Atlas, 2004.V. II.

MAIDA, Silvia Maria do Prado. Acionista controlador-alienação do controle e incorporação de sociedades-responsabilidade nas operações em desacordo com as normas do contrato e da lei. *Revista de Direito Mercantil, Industrial, Econômico e Financeiro*, São Paulo, v. 37, n. 113, p. 210-221, jan./mar., 1999.

MARTINS, Ives Gandra da Silva. Grupos econômicos e responsabilidade tributária. *Revista Dialética de Direito Tributário (RDDT)*, São Paulo, n. 236, p. 91-104, maio 2015.

MARTINS, Pedro A. Batista. Responsabilidade de acionista controlador: considerações doutrinária e jurisprudencial. *Revista de Direito Bancário, do Mercado de Capitais e da Arbitragem*, São Paulo, v. 8, n. 27, p. 42-63, jan./mar. 2005.

MASULIS, Ronald W; THOMAS, Randall S. Does Private Equity Create Wealth? The Effects of Private Equity and Derivatives on Corporate Governance. *University of Chicago Law Review*, v. 76, p. 219, 2009. Disponível em: <http://ssrn.com/abstract=1207858>. Acesso em 21 dez. 2016.

MEIRELLES, José Carlos. Fundo de precatórios: alternativas para a antecipação de recebimentos. *Revista do Advogado*, São Paulo, v. 31, n. 111, p. 118-124, abril, 2011.

MELO, Lucas Fonseca e. Responsabilidade tributaria dos fundos de *Private Equity* e *Venture Capital*. *Revista Dialética de Direito Tributário*, São Paulo, n. 192, p. 34-46, set. 2011.

MICKLETHWAIT, John. WOLLDRIDGE, Adrian. *A companhia – breve história de uma ideia revolucionária*. Rio de Janeiro: Objetiva, 2003.

MONTEIRO, Rogério. Responsabilidades do administrador de fundos de investimento. *Revista de Direito Bancário e do Mercado de Capitais*, São Paulo, v. 8, n. 30, p. 283-291, out./dez. 2005.

MORAES, Luiza Rangel de. Abuso de poder de controle e conflito de interesses no âmbito do processo arbitral. *Revista de Arbitragem e Mediação*, São Paulo, v. 10, n. 38, p. 61-79, jul./set. 2013.

___. O papel dos fundos de investimento na recuperação judicial de empresas. *Revista de Direito Bancário, do Mercado de Capitais e da Arbitragem*, São Paulo, v. 10, n. 37, p. 15-29, jul./set. 2007.

___. Considerações sobre a teoria da desconsideração da personalidade jurídica e sua aplicação na apuração de responsabilidades dos sócios e administradores de sociedades limitadas e anônimas. *Revista de Direito Bancário, do Mercado de Capitais e da Arbitragem*, São Paulo, v. 7, n. 25, p. 31-48, jul./set. 2004.

___. O Abuso de poder na transferência de controle acionário. *Revista de Direito Bancário, do Mercado de Capitais e da Arbitragem*, São Paulo, v. 7, n. 24, p. 54-76, abr./jun. 2004.

___. Da análise e interpretação da instrução CVM 319/99: alguns efeitos das novas regras nas reorganizações societárias. *Revista de Direito Bancário, do Mercado de Capitais e da Arbitragem*, São Paulo, v. 3, n. 7, p. 53-68, jan./mar. 2000.

REFERÊNCIAS

MUNHOZ, Eduardo Secchi. *Aquisição de controle na sociedade anônima.* São Paulo: Saraiva, 2013.

MUNIZ, Joaquim de Paiva. Poder de controle, conflito de interesses e proteção aos minoritários e stakeholders. *Revista de Direito Bancário, do Mercado de Capitais e da Arbitragem*, São Paulo, v. 8, n. 28, p. 70-94, abr./jun. 2005.

NAIDECH, Scott W. Private Equity Fund Formation. Practical Note. *Practical Law.* Disponível em: <http://us.practicallaw.com/3-509-1324?q=private+eq uity+fund+formation>. Acesso em: 7 dez. 2016.

NASCIMBENDI, Stefan Lourenço de Lima. Fundos de investimento e sua utilização em recuperação judicial: aspectos relevantes. *Revista de Direito Bancário, do Mercado de Capitais e da Arbitragem*, São Paulo, v. 16, n. 60, p. 205-221, abr./ jun. 2013.

NASCIMBENI, Asdrubal Franco. A aplicação da teoria da desconsideração da personalidade jurídica às sociedades anônimas. *Revista de Direito Bancário, do Mercado de Capitais e da Arbitragem*, São Paulo, v. 16, n. 61, p. 131-189, jul./set. 2013.

NERY, Sandra de Medeiros. Preço de emissão das ações no aumento de capital da companhia: art. 170 da Lei das Sociedades por Ações: alterações introduzidas pela Lei 9.457/97. *Revista de Direito Mercantil, Industrial, Econômico e Financeiro*, São Paulo, v. 37, n. 115, p. 221-238, jul./set. 1999.

NEVES, Fernando C. Queiroz. Responsabilidade civil por perdas em fundos de investimento. *Revista Autônoma de Direito Privado*, Curitiba, n. 2, p. 171-198, jan./mar. 2007.

OLIVA, Milena Donato. A proteção dos incapazes e a utilidade da incorporação do Trust pelo Direito Brasileiro. *Revista dos Tribunais*, São Paulo, v. 102, n. 938, p. 45-53, dez. 2013.

_____. Indenização devida "ao fundo de investimento": qual quotista vai ser contemplado, o atual ou o da data do dano?. *Revista dos Tribunais*, São Paulo, v. 100, n. 904, p. 73-96, fev. 2011.

_____. O *trust* e o direito brasileiro. *Revista Semestral de Direito Empresarial –RSDE*, Rio de Janeiro, n. 6, p. 151-155, jan.-jun. 2010.

OTTO, Samira. Responsabilidade social do empresário: a co-gestão dos riscos. *Revista de Direito Bancário, do Mercado de Capitais e da Arbitragem*, São Paulo, v. 11, n. 42, p. 144-155, out./dez. 2008.

PACHECO, José da Silva. Sociedade anônima: responsabilidade do administrador; prescrição. *ADV Advocacia Dinâmica: seleções jurídicas*, Rio de Janeiro, v. 20, n. 44, p. 681-685, nov. 2000.

PAGANELLI, Cleber Regian. Responsabilidade pessoal dos sócios e ex-sócios pelas dívidas sociais no direito do trabalho: breves referências ao novo Código de Processo Civil. *Revista LTr*, São Paulo, v. 79, n. 2, p. 178, fev. 2015.

PALERMO, Fernanda Kellner de Oliveira. O fundo de investimento imobiliário. *Revista de Direito Imobiliário*, São Paulo, v. 25, n. 53, p. 142-159, jul./dez. 2002.

PAULSEN, Leandro. *Direito tributário: Constituição e Código Tributário à luz da doutrina e da jurisprudência*. 15. ed. Porto Alegre: Livraria do Advogado Editora, 2013.

PEDUZZI, Maria Cristina Irigoyen. Execução trabalhista e responsabilidade dos sócios e diretores. *Revista Magister de Direito Empresarial*, São Paulo, n.54, p. 19-35, dez./jan. 2014.

PENTEADO, Mauro Rodrigues. Sociedade anônima: acionista controlador; anulação de assembleia; legitimidade passiva. *Revista de Direito Mercantil, Industrial, Econômico e Financeiro*, São Paulo, v. 30, n. 83, p. 99-115, jul./set. 1991.

PEREIRA, Caio Mário da Silva. *Instituições de Direito Civil*. 24. ed. Rio de Janeiro: Forense, 2011.V. I.

___. *Instituições de direito civil*. 19. ed. Rio de Janeiro: Forense, 2006.V. IV.

PERRICONE, Sheila. Fundos de investimento: a política de investimento e a responsabilidade dos administradores. *Revista de Direito Bancário, do Mercado de Capitais e da Arbitragem*, v. 4, n. 11, p. 80-101, jan./mar. 2001.

PFEIFFER, Roberto Augusto Castellanos. Aplicação do código de defesa do consumidor aos administradores de fundos de investimentos. *Revista de Direito do Consumidor*, São Paulo, v. 16, n. 61, p. 190-202, jan./mar. 2007.

PIMENTA, Vinícius Rodrigues. *Fundos de Investimento:* Um Estudo à Luz da Instrução CVM n. 409, de 18 de agosto de 2004. 2006. Dissertação de Mestrado – Universidade Federal de Minas Gerais, Belo Horizonte.

PINTO, Luiz Felipe de Carvalho. Grupo de sociedade e abuso da acionista controlador. Revista de Direito Mercantil: industrial, econômico e financeiro, São Paulo, n. 108, p. 171-185, Out/Dez1997.

PRADO FILHO, José Inácio Ferraz de Almeida. A estabilidade da firma: o alinhamento esperado do poder de controle na sociedade por ações. *Revista de Direito Mercantil, Industrial, Econômico e Financeiro*, São Paulo, v. 48, n. 151/152, p. 90-113, jan./dez. 2009.

PUTTI, Pietro Maria. Il fondi comuni di investimento. *Revista Doutrinária*, Rio de Janeiro, p. 51-62. 1998.

REFERÊNCIAS

QUEIROZ, José Eduardo Carneiro de. Valor mobiliário, oferta pública e oferta privada. *Revista de Direito Bancário, do Mercado de Capitais e da Arbitragem*, São Paulo, v. 11, n. 41, p. 121-126, jul./set., 2008.

RAVACHE, Leandro Alberto Torres; RAMOS, Luciana de Holanda; BASTOS NETO, Walter Pereira. Fundos de investimento e a necessidade de observância do direito de preferência na alienação de suas quotas. *Revista do BNDES*, Rio de Janeiro, n. 37, p. 257, jun. 2012.

REBELO, Nicolai Sosa. O paradigma do poder de controle da sociedade anônima. *Revista Síntese: direito empresarial*, Porto Alegre, n. 25, p. 108-121, mar./ abr. 2012.

___. Os investimentos e a captação de recursos por contratos de *Private Equity* e *Venture Capital*. *Revista de Direito Mercantil, Industrial, Econômico e Financeiro*, São Paulo, v. 50, n. 159/160, p. 142-166, jul./dez. 2011.

RECART, Rodrigo. Anulação da assembleia geral. Voto do acionista controlador contrário ao interesse da companhia. *Revista de Direito Mercantil, Industrial, Econômico e Financeiro*, São Paulo, v. 37, n. 108, p. 197-204, out./dez. 1997.

REIS, Emerson Vieira. Incidência do ISS na administração de fundos. *Revista Dialética de Direito Tributário*, São Paulo, n. 169, p. 30-45, out. 2009.

REIS, Marcelo Terra. Desconsideração da personalidade jurídica da sociedade empresária: fundamentos da justiça do trabalho. *Revista Síntese: direito empresarial*, Porto Alegre, n. 21, p. 114-132, jul./ago. 2011.

REQUIÃO, Rubens. *Curso de Direito Comercial*. 26. ed. São Paulo: Saraiva, 2006. V.1.

___. Abuso de direito e fraude através da personalidade jurídica (*disregard doctrine*). *Revista dos Tribunais*, São Paulo, v. 58, n. 410, p.12-24, dez. 1969.

RIBSTEIN, Larry E. Fiduciary duties and Limited Partnership Agreements. *U Illinois Law & Economics Research Paper No. LE03-004*. 25 fev. 2003. Disponível em: <http://ssrn.com/abstract=401680>. Acesso em 22 dez. 2016.

SADDI, Jairo. Fundos soberanos. *Consulex: Revista Jurídica*, Brasília, v. 18, n. 410, p. 23, fev. 2014.

___. Uma lei única para os fundos de investimento. *Jornal Carta Forense*. 01 ago. 2005. Disponível em: <http://www.cartaforense.com.br/conteudo/colunas/os-fundos-assemelham-se-ao-modelo-germanico-de-condominio-em-que-
-a-pessoa-e-proprietaria-apenas-de-sua-parcela-ideal---e-nao-da-totali-
dade-da-coisa---agrupada-por-mera-conveniencia-economica/92>. Acesso em: 13 dez. 2016.

SANTOS, Bruno Droghetti Magalhães. Gestor, grupo econômico e fundos de investimento: reflexões sobre a resolução CADE 2/2012. *Revista do Ibrac*, São Paulo, v. 20, n. 23, p. 11-36, jan./jun. 2013.

SANTOS, Érico Lopes dos. *Capital de Risco no Brasil*: uma análise dos Fundos de investimentos em Participações como estrutura de governança. 2007. 89 p. Universidade Federal Fluminense.

SÃO PAULO. Tribunal de Justiça. 1ª Câmara Reservada ao Meio Ambiente. Agravo de Instrumento nº 2180365-30.2014.8.26.0000. Relator: Des. Ruy Alberto Leme Cavalheiro. julg. em 26 mar. 2015. Data de registro: 28 mar. 2015.

SÃO PAULO. Tribunal de Justiça. 2ª Câmara Reservada ao Meio Ambiente. Agravo de Instrumento nº 0052822-15.2013.8.26.0000. Relator: Des. Paulo Ayrosa. julg. em 25 abr. 2013. Data de registro: 25 abr. 2013.

SARAIVA FILHO, Oswaldo Othon de Pontes. Responsabilidade do sócio quotista e de acionista controlador por débitos relativos à seguridade social. *Revista Fórum de Direito Tributário*, Belo Horizonte, v. 4, n. 20, p. 47-67, mar./abr. 2006.

SCALZILLI, João Pedro. *Perspectivas para a disciplina da companhia aberta: principais desafios do direito societário brasileiro*. Revista de direito mercantil, industrial, econômico e financeiro, v. 50, n. 158, p. 211-241, abr./jun. 2011.

SEVERINO, Antônio Joaquim. *Metodologia do Trabalho Científico*. 22. ed. São Paulo: Cortez Editora, 2003.

SILVA, Alexandre Couto. *Aplicação da Desconsideração da Personalidade Jurídica no Direito Brasileiro*. São Paulo: LTr, 1999.

SILVEIRA NETO, Alarico. Responsabilidade dos administradores e do acionista controlador por obrigações da sociedade. *Revista Forense*, Rio de Janeiro, v. 80, n. 288, p. 109-113, out./dez. 1984.

SIMIONATO, Frederico Augusto Monte. A Função social e o controle do poder de controle nas companhias.*Revista de Direito Mercantil, Industrial, Econômico e Financeiro*, São Paulo, v. 43, n. 135, p. 94-109, jul./set. 2004.

SLERCA JUNIOR, Mario. Controle judicial dos atos empresariais atos relativos a orientação dos negócios sociais e ao aproveitamento de oportunidades comerciais, as primeiras decisões da justiça brasileira. *Revista dos Tribunais*, São Paulo, v. 78, n. 640, p. 57-61, fev. 1989.

STUBER, Walter Douglas. A nova regulamentação dos fundos de investimento. *Revista de Direito Bancário, do Mercado de Capitais e da Arbitragem*, São Paulo, v. 8, n. 27, jan./mar. 2005.

REFERÊNCIAS

SUPERINTENDÊNCIA DE SEGUROS PRIVADOS – SUSEP. Sistema de Estatísticas SUSEP. Seguradoras: contas patrimoniais. 2016. Disponível em: <http://www2.susep.gov.br/menuestatistica/SES/principal.aspx>. Acesso em: 17 dez. 2016

SUPERINTENDÊNCIA NACIONAL DE PREVIDÊNCIA COMPLEMENTAR. Estatística Trimestral – Setembro 2016. Disponível em: <http://www.previdencia.gov. br/wp-content/uploads/2015/02/3%C2%B0-Trimestre.pdf>. Acesso em: 17 dez. 2016.

SUSSEKIND, Carlos Eduardo. Tendências da regulação no Brasil e no mundo. *Revista de Direito Bancário e do Mercado de Capitais*, São Paulo, v. 8, n. 29, p. 109-117, jul./set. 2005.

SZTAJN, Rachel. Sobre a Desconsideração da Personalidade Jurídica. *Revista dos Tribunais*, São Paulo, v. 88, n. 762, p. 81-97, abr. 1999.

TAUFICK, Roberto Domingos. A teoria da desconsideração da personalidade jurídica e o controle das condutas e estruturas no direito regulatório. *Revista Jurídica*, Brasília, v. 9, n. 85, jun./jul, 2007. Disponível em: <https://revista-juridica.presidencia.gov.br/index.php/saj/article/view/300>. Acesso em 17 dez. 2016.

TOLEDO, Paulo Fernando Campos Salles de. Extensão da falência a sócios ou controladores de sociedades falidas. *Revista do Advogado*, São Paulo, v. 29, n. 105, p. 153-158, set. 2009.

TRANOE, Luciana. Governança para *private equity*: em vigor há um ano, código ABVCAP/ANBIMA conta com 40 fundos seguidores e passa por alterações. *Revista Capital Aberto*, São Paulo, n. 103, p. 57, mar. 2012.

VALVERDE, Trajano de Miranda. *Sociedade por ações*. Vol. III. 3. ed. Rio de Janeiro: Forense, 1959.

VAZ TOMÉ, Maria João Romão Carreiro. *Fundos de investimento mobiliário abertos*. Coimbra: Almedina, 1997.

VEIGA. Alexandre Brandão da. *Fundos de investimento mobiliário e imobiliário*. Coimbra: Almedina, 1999.

Veiga, Marcelo Godke. Os FIPs deveriam poder investir em empresas que não são sociedade anônima? – Sim, o FIP tem poder de negociação.... *Revista Capital Aberto*, São Paulo, n. 128, abr. 2014.

VERÇOSA, Haroldo Malheiros Duclerc. Notas sobre a responsabilidade civil dos administradores e do controlador de instituições financeiras sob o regime de administração especial temporária – RAET. *Revista de Direito Mercantil Indus-*

trial Econômico e Financeiro, São Paulo, vol. 35, n. 104, p. 95 a 99, out./dez. 1996.

___. O status jurídico do controlador e dos administradores na recuperação judicial. *Revista de Direito Mercantil, Industrial, Econômico e Financeiro*, São Paulo, v. 45, n. 143, p. 21-38, jul./set. 2006.

WARDE JÚNIOR, Walfrido Jorge e CASTRO, Rodrigo Rocha Monteiro de. Poderes de controle no âmbito da companhia. *In:* CASTRO, Rodrigo Rocha Monteiro de; WARDE JÚNIOR, Walfrido Jorge; GUERREIRO, Carolina Dias Tavares. (Coord). *Direito empresarial e outros estudos de direito em homenagem ao Professor José Alexandre Tavares Guerreiro*. São Paulo: Quartier Latin, 2013, p. 495-516.

WAISBERG, Ivo; LIMA, Stefan Lourenço de. Fundos de investimento e sua utilização em recuperação judicial – aspectos relevantes. *Revista de Direito Bancário e do Mercado de Capitais*, São Paulo, v. 16, n. 60, p. 205–221, abr./jun. 2013.

WALD, Arnoldo. A desconsideração na arbitragem societária. *Revista de Arbitragem e Mediação*. São Paulo, Ano 12, v. 44, p. 49-64, jan./mar. 2015.

___. A evolução do conceito de instituição financeira. *Revista de Direito Bancário, do Mercado de Capitais e da Arbitragem*, São Paulo, n. 28, p. 211-229, 2005.

___. O Acordo de Acionistas e o Poder de Controle do Acionista Majoritário. *Revista de Direito Mercantil Industrial Econômico e Financeiro*, São Paulo, v. 36, n. 110, p. 7-15, abr./jun. 1998.

___. A definição do controlador na liquidação extrajudicial e em processos análogos. *Revista de Direito Mercantil Industrial Econômico e Financeiro*, São Paulo, v. 35, n. 104, p. 35-47, out./dez. 1996.

___. Os fundos imobiliários. *Revista dos Tribunais*, São Paulo, v. 83, n. 706, p. 252-253, ago. 1994.

___. Da natureza jurídica do fundo imobiliário. *Revista de Direito Mercantil, Industrial, Econômico e Financeiro*, São Paulo, v. 29, n. 80, p. 15-23, out./dez. 1990.

___. Interesses societários e extra-societários na administração das sociedades anônimas: a perspectiva brasileira. *Revista de Direito Mercantil Industrial Econômico e Financeiro*, São Paulo, v. 23, n. 55, p. 10-17, jul./set. 1984.

YOKOI, Yuki. Primeiro código de autorregulação da indústria de private equity no Brasil é alvo de forte crítica de seus principais interessados: os gestores de recursos. *Revista Capital Aberto*, São Paulo, n. 175, p. 16-18, nov. 2009.

ÍNDICE

1. OS FUNDOS DE INVESTIMENTO NO ORDENAMENTO JURÍDICO BRASILEIRO 29

2. O PODER DE CONTROLE E A RESPONSABILIDADE DO CONTROLADOR 85

3. RESPONSABILIDADE DO COTISTA DO FIP 143

CONCLUSÃO 163

REFERÊNCIAS 169